LANDHÄUSER
AUF MALLORCA

COUNTRY HOUSES
OF MAJORCA

LES MAISONS
ROMANTIQUES
DE MAJORQUE

LANDHÄUSER
AUF MALLORCA

COUNTRY HOUSES
OF MAJORCA

LES MAISONS
ROMANTIQUES
DE MAJORQUE

Barbara & René Stoeltie

HERAUSGEGEBEN VON · EDITED BY · SOUS LA DIRECTION DE
Angelika Taschen

TASCHEN
KÖLN LONDON MADRID NEW YORK PARIS TOKYO

INHALT
CONTENTS
SOMMAIRE

6

Einleitung
Introduction

14

CARTOIXA
George Sand i Frédéric Chopin
Valldemossa

22

EL PALAU DE RAIXA
La familia d'en Jaume Torres
Raixa

32

SON RULLÁN
Serra de Tramuntana

38

CA'N ALLUNY
Beryl Graves
Deià

44

EL PALAU DEL REI SANÇ
La familia Bauzà de Mirabò
Valldemossa

50

CASA COROMANDEL
Port d'Andratx

62

ESPLENDORS ORIENTALS

Santa Ponça

68

CA'N FERRA

Angelika i Luis von Waberer

Establiments

74

CA'N MATAS

Chicho Londaiz

Establiments

80

FINCA BINICOMPRAT

Joana i Gabriel Oliver

Algaida

90

CA'N RIBAS

La familia Oliver

Consell

98

SON BIELO

Serra de Tramuntana

106

UNA CASA D'ARTISTES

Maria Antònia i Miquel Carriò

Artà

116

GERONI SUREDA

Cala Bona

120

GUILLEM NADAL

Son Servera

128

FINCA SON GENÉR

Catín i Toni Estevá

Son Servera

140

CA'N RITÔ

Claude i Peter Phillips

Serra de Llevant

150

VIURE A LES MUNTANYES

Serra de Llevant

156

CA'N BRUIXAS

Sud-est de Mallorca

168

CA'N SALAS

Jane i Michael Baigent

Santanyí

176

SON MORO

Gesina i Thomas Wegner

Santanyí

184

CA'N VILA

Antonio Muntaner

Cala Llombards

191

Danksagung

Acknowledgements

Remerciements

ROMANTISCHE LANDHÄUSER AUF *M*ALLORCA

Fray Juan Sánchez Cotán, *Stillleben · Still Life · Nature morte* (1602), Detail, Museo del Prado, Madrid

OBEN · ABOVE · CI-DESSUS: Luis Egidio Meléndez, *Stillleben mit Brot, geräuchertem Schinken, Käse und Gemüse · Still life with Bread, Cured Ham, Cheese and Vegetables · Nature morte avec pain, jambon fumé, fromage et légumes* (c. 1772), Detail, Museum of Fine Arts, Boston, Margaret Curry Wyman Fund

Am 15. November 1838, eine Woche nach seiner Ankunft in Mallorca, schrieb der Komponist Frédéric Chopin an einen Freund: »Hier weile ich im Schatten von Palmen, Zedern und Aloen, unter Orangen-, Zitronen-, Feigen- und Granatapfelbäumen. Der Himmel gleicht Türkisen, das Meer Lapislazuli, die Berge Smaragden. Kurz: das Dasein hier ist köstlich.« Diese Zeilen, von der atemberaubenden Schönheit Mallorcas inspiriert, hätten auch in unseren Tagen geschrieben werden können, denn seit Chopins Besuch der Insel haben der gleiche türkisfarbene Himmel und das gleiche lapis-lazuliblaue Meer unzählige Besucher entzückt. Einige von ihnen sind dem verführerischen Charme der größten Baleareninsel so sehr erlegen, dass sie sich entschlossen haben, für immer dort zu bleiben.

Mallorca verzaubert in erster Linie durch die Schönheit seiner Farben. Das spürt der Besucher bei einem Spaziergang, vorbei an den typischen Landhäusern aus hellem Stein, den Fincas, umrankt von purpurroter und violetter Bougainvillea. Die zarten Nuancen der rosa und weiß blühenden Mandelbäume und das sanfte Silbergrau der Olivenbäume inmitten der grünen Ebene Es Pla prägen sich unauslöschlich ins Gedächtnis ein. Aber auch die mit üppiger Vegetation bedeckte sanfte Hügellandschaft, die sich beim Anstieg in Richtung der Serra de Tramuntana und ihrer wilden Steilküste

ROMANTIC COUNTRY HOUSES OF *Majorca*

On 15 November 1838, a week after his arrival in Majorca, the composer Frédéric Chopin wrote to a friend: "So here I am, lolling in the shade of palms, cedars, aloes, oranges, lemons, fig trees, and pomegranates. There is a sky of turquoise, a sea of lapis lazuli, and the mountains are emerald-green. Life, in short, is delicious."

These lines on the unforgettable beauty of Majorca might have been written in our own time. Innumerable visitors have passed through the island since Chopin first saw it, gorging their senses on its "sky of turquoise" and "sea of lapis lazuli". And some, bewitched by the siren call of the largest of the Balearic Islands, have opted to remain there for the rest of their lives.

Travelling the same roads as Chopin and discovering the same fincas of pale stone smothered by vivid purple bougainvilleas, it became clear to us that the composer was quite right: Majorca's single most seductive asset is the loveliness of her colours. Whether they belong to the green carpet of Es Pla (the flat plain of the island's interior), to the pink and white of flowering almonds or to the silvery grey of olive trees, the colours are what stick in one's memory. There are magnificent landscapes, too: the undulating Serra de Tramuntana with its sumptuous vegetation and rocky coast is as beautiful a range as any to be found on the shores of the Mediterranean.

LES MAISONS ROMANTIQUES DE *Majorque*

Le 15 novembre 1838, une semaine après son arrivée à Majorque, le compositeur Frédéric Chopin écrivait à un ami: «Me voilà à l'ombre de palmiers, cèdres, aloès, orangers, citronniers, figuiers et grenadiers. Un ciel turquoise, une mer de lapis-lazuli, des montagnes d'émeraude. Bref: une vie délicieuse ...»

Ces quelques lignes, inspirées par la beauté inoubliable de Majorque, pourraient avoir été écrites à notre époque car, depuis Chopin, d'innombrables visiteurs ont admiré ce «ciel turquoise» et cette «mer de lapis-lazuli». Certains d'entre eux, envoûtés par le chant des sirènes de la plus vaste des Iles Baléares, ont même décidé d'y rester pour toujours.

En suivant les mêmes routes, et en découvrant les fincas en pierre blonde envahies par le pourpre violent des bougainvillées, on réalise que Majorque nous enchante surtout par la beauté de ses couleurs. Sur le tapis vert d'Es Pla – le plat pays situé à l'intérieur de l'île –, la palette rose tendre ou blanche des amandiers en fleur et le gris argenté des oliviers restent gravés à tout jamais dans la mémoire du visiteur. Et sur la côte sauvage et rocheuse de la Serra de Tramuntana, le paysage de collines couvert d'une végétation somptueuse forme un tableau également inoubliable. Pour ceux qui ont choisi de s'établir au cœur de ces terres, les plaisirs sont multiples car il fait bon vivre dans ces «fermes» aux allures palatiales et dans ces magnifiques villas entourées de hauts palmiers.

darbietet, bleibt ein unvergesslicher Anblick. Jenen, die ein Leben in dieser Landschaft gewählt haben, bieten sich zahlreiche Freuden, denn man lebt gut in diesen herrlichen, von hohen Palmen umgebenen Landhäusern.

»Mallorca, Insel der Schönheit und der Ruhe, kostbarer Garten inmitten des azurblauen Mittelmeers«, pries der berühmte spanische Schriftsteller José María Salaverría (1873–1940) die Insel. War er wohl auch von den kleinen Fischerhäuschen angetan, die sich wie Vogelnester an den äußersten Rand eines ins Meer ragenden Felsens schmiegen und deren schmale Fenster einen herrlichen Ausblick auf die Küste mit ihren fantastischen Felsformationen bieten?

In Mallorca leben aber bedeutet mehr als nur ein optischer Genuss. Hier leben, heißt an den täglichen Gaumenfreuden der Inselbewohner teilzuhaben: eine Scheibe des mit Öl und Tomaten getränkten Brotes »pa amb oli« zu probieren, ein Glas des süßen Weines aus Binissalem zu kosten. Falls man in einem Landgarten gespeist hat, gönnt man sich die Freude, eine Orange oder Zitrone direkt vom Baum zu pflücken – als krönenden Abschluss der Mahlzeit. Und man erinnert sich an den ersten König von Mallorca, Jaume I., der nach einer schlichten, aber schmackhaften Mahlzeit ausrief: »Ben dinat« – »Ich habe wohl gespeist« – und auf diese Weise unbeabsichtigt dem Ort, der ihm seine Gastfreundschaft erwiesen hatte, eine neuen Namen gab.

Die »Insel der Ruhe« hat ihren Zauber auch zu Beginn des 21. Jahrhunderts nicht verloren. In stillen Olivenhainen verborgen, schlummern Wohnhäuser in einer von Ruhe, Lebensfreude und fröhlichem Vogelgezwitscher erfüllten Welt. So wird es hoffentlich noch lange bleiben.

For those who have chosen to live in the depths of the island's countryside, the pleasures of existence are many and varied: life is sweet in Majorca's palatial farmhouses and her magnificent, palm-shaded villas.

"Island of calm and beauty, precious garden in the heart of the azure Mediterranean" enthused the famous Spanish writer José María Salaverría (1873–1940). No doubt he would have been equally moved by the sight of a small Majorcan fisherman's house miraculously perched on a rock overhanging the sea, from whose narrow windows the view takes in a whole dizzying coastline of fantastic rock formations.

To live in Majorca is to share in the luscious daily fare of the islanders, to taste a slice of "pa amb oli", saturated with oil and tomato, and to savour the sweet wine of Binissalem. Luxury of luxuries, every country garden overflows with oranges and lemons, conjuring up the memory of Jaume I, the first king of Majorca, who after a frugal but succulent meal of them exclaimed with admirable brevity: "Ben dinat" (I have dined well) – thereby bestowing a new name on the place where he had eaten.

At the dawn of the 21st century, Majorca continues to delight us. Many secret retreats lie hidden among its olive groves, where tranquillity, "joie de vivre" and birdsong are still the mainstays of life. Long may they remain so.

«Majorque, île de la beauté et du calme, précieux jardin au cœur de la Méditerranée couleur azur» s'exaltait l'écrivain espagnol José María Salaverría (1873–1940). On se demande s'il fut autant ému par la vue d'une humble petite maison de pêcheur, posée comme par miracle à l'extrémité d'un rocher surplombant la mer et dont les petites fenêtres n'ont cessé d'offrir le spectacle fascinant d'une côte formée par des rochers fantastiques.

Vivre à Majorque, c'est aussi partager les richesses des Majorquins, c'est goûter une tranche de «pa amb oli» saturé d'huile et de tomate, savourer le doux vin de Binissalem et cueillir dans un jardin de campagne l'orange et le citron qui couronneront le repas. Le premier roi de Majorque, Jaume Ier d'Aragon, nous revient alors à l'esprit, qui s'exclama, après un dîner frugal mais succulent: «Ben dinat» (j'ai bien mangé), donnant ainsi sans le vouloir un nouveau nom au lieu qui lui avait offert l'hospitalité.

A l'aube du 21e siècle, l'Ile du Calme continue de rayonner. Cachés derrière les oliviers, dorment des demeures secrètes où règnent le silence, la joie de vivre et le gai pépiement des oiseaux. A nous de ne pas déranger leur sommeil.

CARTOIXA
George Sand i Frédéric Chopin
Valldemossa

Am 8. November 1838 ging eine kleine Gruppe Fremder in Palma an Land, und binnen kurzem verbreitete sich dort die Neuigkeit von der Ankunft des Komponisten Frédéric Chopin, der Baronin Aurore Dudevant und ihrer beiden Kinder, Maurice und Solange. Der drei Monate während Winteraufenthalt der unter dem Pseudonym George Sand bekannten Schriftstellerin und des Komponisten wurde zu einem Fiasko: »George« litt unter der Kälte und den ihr feindselig gesonnenen Inselbewohnern, und ihr tuberkulöser Liebhaber, der die »Insel der Ruhe« über alles liebte, litt zusehends mehr unter seiner Krankheit. Von Palma aus reisten sie nach Establiments, dann weiter nach Valldemossa, um sich dort in den Mönchsklausen des säkularisierten Kartäuserklosters einzumieten. Sand hasste Mallorca, die Mallorquiner wiederum beargwöhnten »diese Irre«, die Hosen trug, Zigaretten Kette rauchte und mit einem Manne »in Sünde« lebte. Begleitet von den Schmährufen der Einheimischen verließen sie diese »Insel der Affen«, mit der Sand 1842 in ihrer boshaften Erzählung »Ein Winter auf Mallorca« streng ins Gericht ging. Für die zahlreichen Besucher aber, die sich heute bei der Besichtigung der »Celda No. 4« drängen, zählt nur das berühmte »Regentropfen-Prélude«, das Chopin hier auf seinem bescheidenen »pianino« von Pleyel komponiert hat – und die Geschichte einer ungewöhnlichen Liebe.

On 8 November 1838, a small group of foreigners disembarked at Palma de Mallorca and within hours the capital was abuzz with the news that the eccentric Baroness Aurore Dudevant, better known by her "nom de plume" of George Sand, had arrived in their midst. The famous authoress was accompanied by her two children, Maurice and Solange, and the composer Frédéric Chopin. The three winter months they spent on Majorca were a disaster: "George" complained of the bitter cold and the spite of her neighbours, while the health of her tubercular lover – who actually loved the island – went from bad to worse. They moved from Palma to Establiments and from Establiments to Valldemossa, where they occupied a series of monks' cells in the disused charterhouse. George Sand hated Majorca, while the Majorcans reacted with outrage to this chain-smoking, trouser-wearing ball of fire who lived openly with a man who was not her husband. George Sand was later to denounce what she called "Monkey Island" in a nasty little vignette entitled "A Winter in Majorca" (1842). The crowds that visit "Celda no. 4" today remember only the couple's immortal love affair – and the "Raindrop" prelude that Chopin composed here on his modest Pleyel "pianino".

Stolz ragt der Glocken-turm des ehemaligen Kartäuserklosters in den Himmel.

The belltower of the Cartoixa stands proudly against the sky.

Le clocher de la Car-toixa pointe fièrement sa silhouette imposante vers le ciel.

Le 8 novembre 1838, un petit groupe d'étrangers débarque à Palma. Aussitôt les habitants de la capitale sont alertés par l'arrivée de l'étrange baronne Aurore Dudevant – célèbre écrivain plus connue sous le nom de George Sand –, de Monsieur Frédéric Chopin, compositeur et musicien, et des deux enfants de la baronne, Maurice et Solange. Leurs trois mois d'hiver passés à Majorque tourneront au désastre: «George» se plaint du froid et des gens malveillants et son amant phtisique qui, lui, adore «l'île du Calme», s'affaiblit de plus en plus. De Palma, ils iront s'installer à Establiments pour s'établir ensuite à Valldemossa où ils occuperont des cellules de moines dans la chartreuse désaffectée. Si George Sand déteste Majorque, les Majorquins le lui rendent bien: ils parlent de «cet énergumène» qui porte le pantalon, fume des cigarettes et vit «en péché mortel» avec un homme qui n'est pas son mari. Trois mois après leur arrivée, les étrangers, hués et détestés, quitteront cette «Ile des Singes» que George Sand dénoncera en 1842 dans son méchant récit «Un hiver à Majorque». La foule qui se presse aujourd'hui pour visiter la «Celda n° 4» ne songe qu'à l'inoubliable histoire d'amour et au prélude en ré – Les Gouttes de pluie – que Chopin composa, ici, sur son modeste «pianino» de Pleyel.

In einer Vitrine sind Bücher, wertvolle Manuskripte, die Totenmaske und ein Abguss der linken Hand des Komponisten ausgestellt.

In this glass case are a number of rare books and manuscripts, along with the death mask of the composer and a mould of his left hand.

Dans une vitrine, les visiteurs découvrent des livres et des manuscrits rares ainsi que le masque mortuaire et le moulage de la main gauche du compositeur.

LINKE SEITE UND OBEN: *Der private Garten der »Celda No. 4« – Chopins Klause – blieb wunderbarerweise erhalten. Der romantische Brunnen und die atemberaubende Aussicht auf das Tal sind ebenfalls unverändert.* RECHTS: *Die Flügel der großen Fenstertüren sind weit geöffnet – man könnte meinen, der Komponist träte gleich aus dem Haus …*

FACING PAGE AND ABOVE: *By a miracle, the private garden of "Celda no. 4" – Chopin's cell – has remained the same, as have the romantic well and the stunning view across the valley.* RIGHT: *The shutters of the French window are wide open, as if Chopin were about to emerge at any moment to take the air …*

PAGE DE GAUCHE ET CI-DESSUS: *Par miracle, le jardin privé de la «Celda n° 4» – la cellule de Chopin – n'a subi aucune altération. Le puits romantique et la vue époustouflante sur la vallée sont restés intacts.* A DROITE: *Les volets de la porte-fenêtre sont grand ouverts, et on s'imagine que d'un instant à l'autre, le compositeur va sortir pour prendre l'air …*

VORHERGEHENDE
DOPPELSEITE: *An
schönen Tagen, wenn
die Sonnenstrahlen
durch die mit Bambus
unterteilten Fenster
fallen, kann man sich
nur schwer die beißende
Kälte vorstellen, die
im Winter 1838 in Chopins
Klause herrschte.*

PREVIOUS PAGES: *It
is hard to conceive of
the biting cold which
prevailed in the apart-
ments of the composer,
especially when the
weather is beautiful
and sunshine floods
through the windows.*

DOUBLE PAGE PRÉ-
CÉDENTE: *Il est diffi-
cile, surtout pendant les
beaux jours, de se faire
une idée du froid mor-
dant qui régnait dans
les appartements du
compositeur. Les rayons
de soleil tombent géné-
reusement à travers les
fenêtres à carreaux et les
claustras en bambou.*

LINKE SEITE UND
OBEN: *Heiligenbilder
in reich vergoldeten
Barockrahmen unter-
streichen die Pracht der
unzähligen, seltenen
Bücher der alten
Klosterbibliothek der
Kartäuser.*

FACING PAGE AND
ABOVE: *In the ancient
library of the Carthu-
sian monks, the beauty
of the thousands of vol-
umes is enhanced by the
presence of holy images
in baroque gilt frames.*

PAGE DE GAUCHE ET
A DROITE: *Dans la
très ancienne biblio-
thèque des chartreux,
des milliers de volumes
rares sont rehaussés par
la présence d'images
saintes dans de somp-
tueux écrins baroques.*

EL PALAU DE RAIXA

La familia d'en Jaume Torres

Raixa

Wenn man von Palma nach Sóller fährt und dann die Landstraße in Richtung des Landsitzes Raixa verlässt, scheint man Mallorca zu verlassen und gegen den Charme der Toskana zu tauschen. Das ehemalige Landgut der Grafen von Ampurias und der Familien Sant Marti und Zaforteza wurde Ende des 18. Jahrhunderts von seinem neuen Besitzer, dem Kardinal Despuig, in eine großartige, italienisch inspirierte Villa umgebaut. Der kultivierte, gottesfürchtige Kardinal, der sich für die Antike begeisterte, die Gärten der Renaissance liebte und die heilige Catalina Tomás – der er zahlreiche Kapellen errichten ließ – verehrte, beauftragte die italienischen Gartenarchitekten Giovanni Tribelli und Francesco Lazzerini, den Park des Landguts neu anzulegen. Diese bereicherten das Anwesen um eine majestätische Steintreppe, geschmückt mit Gorgonenhäuptern und bekrönt von einer Apollostatue, ein riesiges Wasserbecken mit Terrasse sowie einen Brunnen, den eine groteske Maske ziert und dessen diskretes Geplätscher in den ruhigen Alleen des Parks widerhallt. Die von Kolonnaden getragene Loggia des Wohnhauses, die mit Fresken verzierten Salons und der nahe gelegene Orangenhain vervollkommnen die Schönheit dieses magischen Ortes.

In der Galerie verweilen Sonnenstrahlen auf den in einer Reihe angeordneten Stühlen aus dem 18. Jahrhundert.

Sunlight on the 18th-century chairs that line the gallery.

Dans la galerie, le soleil s'attarde sur des chaises 18ᵉ alignées.

When you turn off the Palma-Sóller road towards the Raixa Estate, you may have the impression that you are leaving Majorca and entering some splendid district of Tuscany. Raixa – formerly the property of the Counts of Ampurias and Sant Marti and of the Zaforteza family – was rebuilt at the end of the 18th century by its new owner, Cardinal Despuig, in the form of an Italian-style villa. The cardinal, a man of exemplary piety and culture, was passionate about Antiquity, Renaissance gardens and Saint Catalina Tomás, for whom he built several chapels. He commissioned the Italians Giovanni Tribelli and Francesco Lazzerini to redesign the park at Raixa, thereby enriching his property with a majestic flight of stone steps embellished with gorgons and dominated by a fountain with a grotesque "mascherone" whose discrete tinkle of water echoes round the quiet avenues. The villa itself boasts a loggia with a fine colonnade and salons that boil with frescoes; nearby, a parterre planted with orange trees adds to the unearthly magic of this place.

Von der Kolonnade aus hat man eine herrliche Aussicht auf den Garten und die hohen Zypressen.

The colonnade offers a magical view of the cypress-filled gardens.

De la colonnade on a une vue imprenable sur le jardin et sur les silhouettes des cyprès.

En quittant la route qui mène de Palma à Sóller et en s'approchant du domaine de Raixa, on a l'impression de quitter Majorque et d'échanger «L'Ile du Calme» contre les splendeurs de la Toscane. C'est que Raixa, l'ancienne propriété des comtes d'Ampurias, des Sant Marti et de la famille Zaforteza, a été transformée à la fin du 18ᵉ siècle par son nouvel occupant, le Cardinal Despuig, en une somptueuse villa d'inspiration italienne. Le cardinal, un personnage d'une culture et d'une dévotion exemplaires, avait une passion pour l'Antiquité, pour les jardins de la Renaissance et pour sainte Catalina Tomás (il fit d'ailleurs édifier plusieurs chapelles à son intention). En demandant aux architectes paysagistes italiens Giovanni Tribelli et Francesco Lazzerini de reconstruire le parc de Raixa, il enrichit son domaine d'un majestueux escalier en pierre orné de gorgones et dominé par une statue d'Apollon, d'un énorme réservoir d'eau surplombé par une terrasse, et d'une fontaine couronnée d'un mascaron grotesque, dont le murmure discret résonne dans les allées silencieuses du parc. Côté villa, une loggia ornée d'une colonnade, des salons agrémentés de fresques et la proximité d'un parterre planté d'orangers accentuent encore la beauté hallucinante de ce lieu magique.

LINKS: *Die Kapelle der heiligen Catalina Tomás.*
FOLGENDE DOPPEL-SEITE: *Die große Treppe sowie die Brunnen und Statuen schaffen eine romantische Atmosphäre.*

LEFT: *The chapel is dedicated to Saint Catalina Tomás.*
FOLLOWING PAGES: *The great flight of steps, the wells and statues are the very embodiment of romanticism.*

A GAUCHE: *La chapelle vouée à sainte Catalina Tomás.*
DOUBLE PAGE SUIVANTE: *Du grand escalier, des fontaines et des statues émane un romantisme toujours vivace.*

LINKS: *Einen eleganten Anblick bietet der Stuhl mit dem Rokoko-Spiegel.*
RECHTE SEITE: *der Salon mit seinen Möbeln aus dem 19. Jahrhundert. Die Wand schmücken Fresken mit idyllischen Landschaften.*
FOLGENDE DOPPELSEITE: *Während der Spiegel in einem vergoldeten Holzrahmen einen Ausschnitt der Säulenreihe einfängt, hat sich eine wilde Blume in einer Ritze der zerfallenden Mauer eingenistet.*

LEFT: *a chair and a rocaille mirror in elegant juxtaposition.*
FACING PAGE: *Sunlight floods the old rooms with their 19th-century furnishings. The panels are decorated with frescoes of idyllic landscapes.*
FOLLOWING PAGES: *The mirror reflects a series of ghostly columns, and a wild flower grows from a crevice in the crumbling wall.*

A GAUCHE: *La juxtaposition d'une chaise et d'un miroir rocaille exprime à la fois l'élégance et la coquetterie.*
PAGE DE DROITE: *La lumière joue à son aise dans ces salons surannés que hantent les vestiges d'un mobilier 19ᵉ. Des fresques représentant des paysages idylliques décorent les lambris.*
DOUBLE PAGE SUIVANTE: *Pendant qu'un miroir en bois doré reflète l'image spectrale d'une série de colonnes, une fleur sauvage s'est nichée dans une fente d'un mur en ruine.*

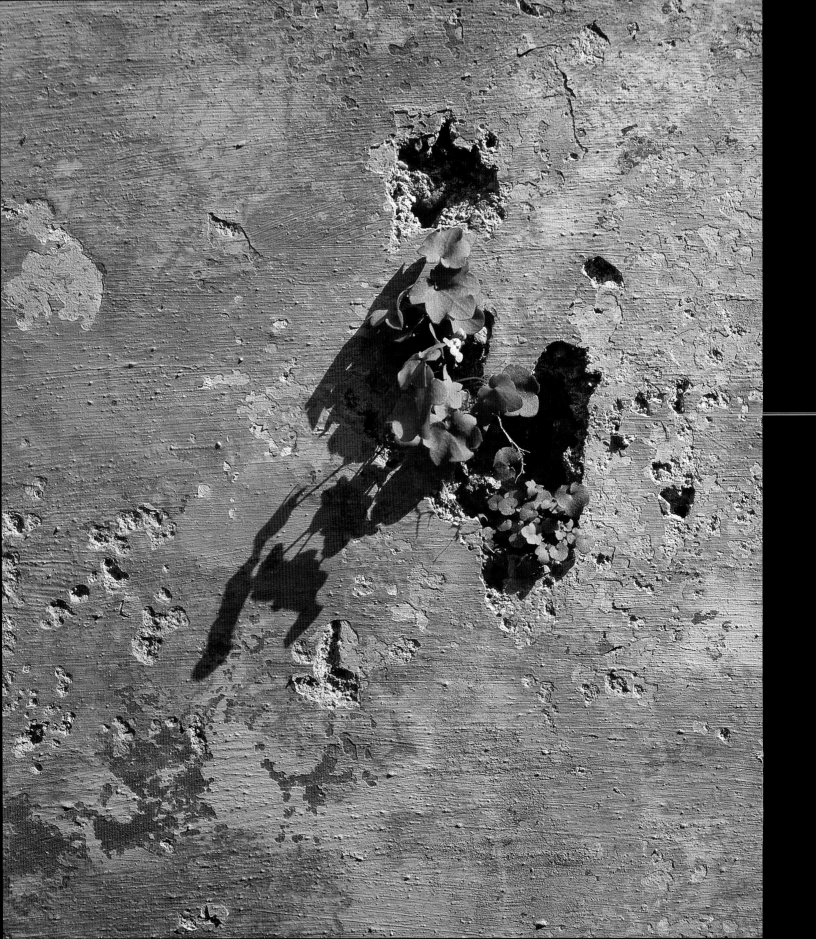

SON RULLÁN

Serra de Tramuntana

Das Haus Son Rullán erreicht nur derjenige, der mutig einen mehrere hundert Meter langen, steilen und steinigen Hang erklimmt, der mit jahrhundertealten Olivenbäumen bewachsen ist. Aber dann, auf dem Gipfel angekommen, verschlägt einem die Aussicht auf das umliegende Land und das tiefblaue Meer geradezu den Atem. Da fragt man sich, ob die Bewohner dieses ehemaligen Klostergebäudes den einmaligen Ausblick heute noch mit der gleichen Intensität wahrnehmen wie bei ihrer Ankunft vor 30 Jahren. Doch die Besitzerin, die dieses Adlernest als dauernde Bleibe gewählt hat, bestätigt es. Beobachtet man, wie sie in den großzügigen, weiß gekalkten und schlicht möblierten Räumen lebt, so wird rasch deutlich, dass sie sich in harmonischem Einklang mit ihrer Umgebung befindet. Dem Musikgeschehen der Insel tief verpflichtet, veranstaltet sie auch nach dem frühzeitigen Tod ihres Mannes weiterhin Konzerte in ihrem Haus. Sie kann sich Son Rullán gar nicht ohne den Klang ihres Klaviers und die Gesellschaft ihrer Söhne, Freunde und Gäste vorstellen. Und so erklingen hier die Melodien von Chopin oder Brahms und dringen aus den offenen Fenstern und Türen in die weite Landschaft hinaus …

VORHERGEHENDE DOPPELSEITE: *Die Höhen von Son Rullán bieten einen atemberaubenden Ausblick auf das Meer und die Serra de Tramuntana.*
LINKS: *Eine kleine bemalte Holzfigur stellt einen Dudelsack spielenden, mittelalterlichen Sänger dar.*

PREVIOUS PAGES: *From the height of Son Rullán there is a magnificent view of the sea and the Serra de Tramuntana mountains.* LEFT: *a small polychrome wooden statue of a minstrel playing the bagpipes.*

DOUBLE PAGE PRÉCÉDENTE: *Des hauteurs de Son Rullán, on a une vue inoubliable sur la mer et sur la Serra de Tramuntana.* A GAUCHE: *une petite statue en bois polychrome représentant un ménestrel jouant de la cornemuse.*

To reach Son Rullán you have to climb a steep slope through several hundred yards of rock-strewn olive groves. From the top of the hill there is a staggering view of the surrounding countryside and the intensely blue Mediterranean; you wonder if the person who lives in this former cloister still feels the same emotion about it that she must have known three decades ago, when she first arrived. She says she does, indeed. And observing her existence within these ample, white-walled rooms decorated with rustic furniture, it is quite plain that this is a woman who lives in perfect harmony with her surroundings. She is very much involved with musical events on the island, organising regular concerts at Son Rullán; since the premature death of her husband, her piano has been in constant use. As she says, she cannot imagine the house without her sons, her friends, her guests and her cats – or without the strains of a melody by Chopin or Brahms flowing from the windows of her marvellous balcony overlooking the sea.

Bei Anbruch der Nacht nimmt das Haus plötzlich die surrealen Züge eines Gemäldes von Magritte an.

Evening falls and suddenly the house takes on the look of a surrealist painting by Magritte.

Le soir tombe et soudain la maison ressemble à un tableau de Magritte.

Pour atteindre Son Rullán, il faut avoir le courage d'affronter une ascension pénible et de grimper plusieurs centaines de mètres à travers un terrain rocheux planté d'oliviers séculaires. Arrivé au sommet, la vue panoramique sur le paysage environnant et sur la mer d'un bleu intense est d'une beauté à couper le souffle. On se demande si les habitants de cet ancien cloître éprouvent la même émotion devant un pareil spectacle que la première fois, il y a 30 ans de cela. Celle qui fit sa demeure de ce nid d'aigle exceptionnel, se dit toujours aussi émue. Et en la voyant se mouvoir dans ces grands espaces aux murs blancs et au mobilier simple et rustique, on sent qu'elle vit en harmonie parfaite avec son entourage. Mélomane et très liée aux événements musicaux sur l'île, elle continue à organiser des concerts à Son Rullán. En effet, même après la mort prématurée de son mari, son piano ne s'est pas tu et elle ne peut imaginer sa maison sans ses fils, ses amis, ses invités et ses chats, et sans qu'une mélodie de Chopin ou de Brahms ne s'échappe par les fenêtres et par les portes grandes ouvertes de ce merveilleux « balcon sur la mer».

Die Umrisse der knorrigen Olivenbäume vor der untergehenden Sonne.

Gnarled olive trees of Son Rullán against the sunset.

Les oliviers de Son Rullán dressent leurs silhouettes tourmentées sur un fond de coucher de soleil.

LINKS: *Hinter dem Haus ist eine Leine zum Trocknen der Wäsche gespannt.*
RECHTE SEITE: *Die Ziegenherden kehren jeden Abend auf dem schmalen Pfad an diesem Vordach vorbei in ihren Stall zurück.*

LEFT: *Behind the house, the occupants have strung a rope to hang out their washing.*
FACING PAGE: *The flock of goats takes every evening the narrow path skirting Son Rullán.*

A GAUCHE: *Derrière la maison, les habitants ont tendu une corde pour sécher le linge.*
PAGE DE DROITE: *Le troupeau de chèvres passe tous les soirs le chemin étroit qui contourne Son Rullán.*

RECHTS: *Die zum Obergeschoss führende mittelalterliche Treppe im Innenhof ist weiß gekalkt.*

RIGHT: *in the inner courtyard, the white-washed mediaeval staircase leading to the first floor.*

A DROITE: *Dans la cour intérieure, l'escalier médiéval qui mène à l'étage noble a été badigeonné à la chaux.*

LINKE SEITE: *Im ehe-maligen Refektorium hat die Hausherrin ihr Musikzimmer einge-richtet. Während der Sommermonate emp-fängt sie hier Gäste und veranstaltet kleine Konzerte.*

OBEN: *Die rustikalen, einfachen Schlafzimmermöbel lassen die Vorliebe der Hausherrin für eine schlichte Einrichtung erkennen.*

RECHTS: *Im heutigen Gästezimmer stand früher der Esel, der die Presse der »tafona«, der Kelterei, antrieb.*

FACING PAGE: *In the former refectory the owner has set up her music room. During the summer months she invites her friends here for intimate concerts.*

ABOVE: *In the bed-room, the simple country furniture reflects the owner's unobtrusive good taste.*

RIGHT: *The guest room was formerly a stable for the donkey who worked the press in the "tafona" (wine presshouse).*

PAGE DE GAUCHE: *La maîtresse de maison a installé son salon de musique dans l'ancien réfectoire. Pendant les mois d'été, elle reçoit ici ses invités et elle organi-se des concerts en petit comité.*

CI-DESSUS: *Dans la chambre à coucher, le mobilier rustique aux formes dépouillées reflè-te le goût de la proprié-taire pour la sobriété.*

A DROITE: *La chambre d'amis abri-tait jadis l'âne qui fai-sait tourner le pressoir dans la «tafona», la salle du pressoir.*

Ca'n Alluny
Beryl Graves
Deià

Beryl Graves, die Ehefrau des bekannten englischen Dichters, Schriftstellers und Kunstkritikers Robert Graves (1895–1985), lebt seit 1946 in Ca'n Alluny, einem robusten Haus mit grünen Fensterläden, das ihr Mann in den Dreißigerjahren am Rand des malerischen Künstlerdorfes Deià bauen ließ. Sie erinnert sich noch genau an den ersten Eindruck, den die Insel bei ihr hinterließ und den Graves lakonisch in folgende Worte fasste: »It was paradise … and I could take it« (Es war das Paradies … und ich konnte es haben). 56 Jahre später sieht sich Beryl vor die Herausforderung gestellt, das Werk ihres Mannes zu bewahren. Von seinen Manuskripten bis zu seiner Brille, von seinem Hut bis hin zu seinen erfolgreichen Büchern, wie beispielsweise »Ich, Claudius, Kaiser und Gott« und vor allem »Die weiße Göttin« – entgeht kein Element seines Nachlasses ihrer Aufmerksamkeit. Als verstaubtes Museum aber kann Ca'n Alluny nicht bezeichnet werden. Wenn auch der Schatten des Schriftstellers im schwachen Licht seines Arbeitszimmers noch wahrnehmbar scheint, so verweigert sich seine 85-jährige Witwe doch der Flucht in die Vergangenheit. Beim Morgenkaffee auf der Terrasse empfängt sie Familienmitglieder, Freunde und gelegentlich Besucher, die auf den Spuren des Dichters nach Deià kommen. Sie ist die Seele des Hauses und wird dies noch lange bleiben.

Beryl Graves in einem seltenen Moment der Ruhe.

Beryl Graves in a rare moment of relaxation.

Beryl Graves dans un rare moment de repos.

Beryl Graves, the wife of the great English poet, writer and art critic Robert Graves (1895–1985), has been living since 1946 at Ca'n Alluny, a robust-looking house with green shutters built in the 1930's by her husband on the edge of the pretty village of Deià. She well remembers her first confrontation with Majorca and the warm atmosphere so laconically described by Graves himself: "It was paradise … and I could take it". 56 years later, Beryl has found herself in the sometimes uneasy role of guardian of her husband's legacy. Nothing – from his manuscripts to his glasses, his hat and his best-selling books (such as "I, Claudius" and "The White Goddess") – escapes her vigilance. On the other hand, to suggest that Ca'n Alluny is a dusty old museum would be a lie; and, even though the figure of Robert Graves seems almost palpably present in the soft light of his study and the floor still carries the marks of his passage, the poet's 85-year-old widow refuses to take refuge in the past. She takes her morning coffee on the terrace in company with her dog and cat; she entertains her family, her friends and the occasional visitor drawn by the poet's memory. She is more than the life of Ca'n Alluny – she is its very soul.

Graves ließ das rustikale Haus mit den grünen Fensterläden zu Beginn der Dreißigerjahre errichten.

Graves built his green-shuttered house in the early 1930's.

Graves construisit la maison rustique aux volets verts au début des années 1930.

Beryl Graves, la femme du grand poète, romancier et critique d'art anglais Robert Graves (1895–1985) vit depuis 1946 dans Ca'n Alluny, une robuste maison aux volets verts construite dans les années 1930 par son mari à l'orée du village pittoresque de Deià. Elle se souvient très bien de sa première rencontre avec Majorque et de cette ambiance chaleureuse que Graves décrit laconiquement: «It was paradise … and I could take it» (C'était le Paradis … et cela me convenait). 56 ans plus tard, Beryl s'est vu attribuer le rôle, parfois ingrat, de gardienne de l'œuvre de son mari. Des manuscrits de celui-ci à ses lunettes et de son chapeau à ses livres – comme le célèbre «Moi, Claude», et surtout «La Déesse blanche» – rien n'échappe à son attention. Néanmoins, dire que Ca'n Alluny est un musée poussiéreux serait mentir, et même si la silhouette de Graves semble toujours présente dans la lumière tamisée de son cabinet de travail et que le sol porte encore les traces de ses pas, sa veuve – à 85 ans bien sonnés – refuse de se réfugier dans le passé. Prenant son café du matin sur la terrasse, en compagnie de son chat et de son chien, elle reçoit sa famille, ses amis et les visiteurs attirés par le souvenir du poète. Elle est l'âme même de la maison et, si on en juge par sa vitalité, Ca'n Alluny l'hébergera encore longtemps.

Die Porzellan-Hunde aus Staffordshire, die aus England mitgebracht wurden, vermitteln einen Hauch von Nostalgie.

Staffordshire china dogs brought from England: a hint of nostalgia.

Des chiens en porcelaine de Staffordshire, rapportés d'Angleterre, témoignent d'une certaine nostalgie.

LINKS: *Auf dem Schreibtisch liegen die Lupe und die Brille des Dichters sowie das Originalmanuskript eines seiner schönsten Gedichte.*

FOLGENDE DOPPEL-SEITE: *Alles in diesem Haus erinnert an den großen Dichter: seine korrigierten Aufzeichnungen, die Umrisse eines »siurell« – eines mallorquinischen Spielzeugs aus bemaltem Ton – und der berühmte, lässig an die Treppe gehängte Hut.*

LEFT: *On the work-table lie the writer's magnifying glass and spectacles, along with the original manuscript of one of his most beautiful poems.*

FOLLOWING PAGES: *Everything in this house recalls the poet: his corrected proofs, the silhouette of a "siurell" – a Majorcan toy made of painted clay – and Graves' famous hat, nonchalantly hung at the bottom of the stairs.*

A GAUCHE: *Sur la table de travail, on remarque la loupe et les lunettes de l'écrivain et le manuscrit original d'un de ses plus beaux poèmes.*

DOUBLE PAGE SUIVANTE: *Tout dans cette maison rappelle le grand poète: ses épreuves corrigées, le «siurell» – un jouet majorquin en terre de pipe peinte – et le célèbre chapeau posé nonchalamment sur le départ de l'escalier.*

RECHTE SEITE: *In diesem Arbeitszimmer verfasste Graves einen bedeutenden Teil seines Werkes. Beryl achtet darauf, dass sich alles am richtigen Platz befindet.*

RIGHT: *The objects on the desk make an intriguing still life.*

FACING PAGE: *Much of the work done by Graves in his lifetime was written in this sparsely-furnished study and today Beryl makes sure that nothing here is disturbed.*

A DROITE: *Les objets sur le bureau forment une nature morte fascinante.*

PAGE DE DROITE: *C'est dans ce cabinet de travail au mobilier austère que Graves a écrit une grande partie de son œuvre. Beryl veille à ce que rien ne soit dérangé.*

RECHTS: *Die auf dem Schreibtisch liegenden Gegenstände fügen sich zu einem faszinierenden Stillleben zusammen.*

EL PALAU DEL REI SANÇ

La familia Bauzà de Mirabò

Valldemossa

Dieser Palast steht diskret im Schatten des Kartäuserklosters von Valldemossa – als sei er bereit, angesichts der Besuchermassen, die auf den Spuren des Liebespaars George Sand und Frédéric Chopin zur Cartoixa pilgern, die Rolle der zweiten Geige zu spielen. Nur wenige Besucher kennen die Geschichte dieses wunderbaren mittelalterlichen Bauwerks. Der vom ersten König von Mallorca, Jaume I., für seinen Sohn Sanç erbaute Palast wurde ab 1399 von den Mönchen des Kartäuserordens bewohnt. Zwischen 1906 und 1913 diente der Bau dem großen nicaraguanischen Dichter Rubén Darío als Wohnsitz, der durch die »Gesänge von Leben und Hoffnung« berühmt geworden war und nun in Valldemossa als Mönch Inspiration suchte. Das Gebäude verdankt seine Blütezeit der aristokratischen Familie Bauzà de Mirabò, deren Nachkommen die Privaträume bis heute sorgfältig erhalten haben. Kein Besucher kann sich der Bewunderung entziehen, wenn er die wunderbaren alten Salons mit ihren antiken Vorhängen aus Damastseide, die Schlafzimmer mit Baldachinbetten und die mit zahlreichen Kunstgegenständen und Familienfotos geschmückten Räume betritt. Schon ein kurzes Verweilen genügt, um zu verstehen, dass in diesem Palast außer König Sanç auch eine bemerkenswerte Adelsfamilie gewirkt hat.

LINKS: *Orangefarbene Vorhänge und Portieren aus Damastseide trennen die einzelnen Salons voneinander ab.*
OBEN: *Die Eingangstür ist eine Rekonstruktion aus dem 19. Jahrhundert.*

LEFT: *The salons are divided by door-curtains in orange damask.*
ABOVE: *The front door is a 19th-century reproduction.*

A GAUCHE: *Des rideaux et des portières en soie damassée orange séparent les salons.*
CI-DESSUS: *La porte d'entrée est une reconstitution qui date du 19ᵉ siècle.*

The palace stands discreetly in the shade of the charterhouse at Valldemossa, perfectly content to play second fiddle and not be noticed by the crowds who come to remember George Sand and Chopin, her doomed lover. Yet the mediaeval Palau del Rei Sanç has a long and august history. Built by the first King of Majorca, Jaume I for his son Sanç, the palace was occupied by Carthusian monks from 1399 onwards. It owes its present severe aspect to pseudo-embellishments carried out in the 19th century. Between 1906 and 1913, it provided both room and board for the great Nicaraguan poet Rubén Darío ("Songs of Life and Hope"), who found inspiration when he adopted the habit of a monk. Thereafter, the Palau del Rei Sanç entered a golden age under the auspices of the aristocratic Bauzà de Mirabò family, whose descendants have carefully preserved its private apartments. No visitor can fail to be impressed by the magnificent salons with damask silk curtains, towering four-poster beds, fine objects and touching family photographs this house contains.

Die Möbel in dieser Galerie stammen weitgehend aus dem 15. und 16. Jahrhundert.

Most of the furniture dates from the 15th and 16th centuries.

Le mobilier de cette galerie date en grande partie du 15ᵉ et du 16ᵉ siècle.

Die Familie Bauzà de Mirabò schmückte die Galerien, die den Innengarten des alten Palastes umgeben, mit Stichen und alten Küchengeräten aus Kupfer.

In the vaulted galleries surrounding the interior gardens of the former palace, the Bauzà de Mirabòs have hung engravings and old copper kitchen utensils.

Dans les galeries voûtées qui entourent le jardin intérieur de l'ancien palais, les Bauzà de Mirabò ont fait accrocher des gravures et d'anciens ustensiles de cuisine en cuivre.

Le palais se dresse discrètement à l'ombre de la chartreuse de Valldemossa, comme s'il acceptait volontiers de jouer le deuxième violon auprès des nombreux touristes venus s'extasier devant les fantômes de George Sand et de Frédéric Chopin. Rares sont les «pèlerins» de La Cartoixa qui connaissent l'histoire illustre de cette splendide bâtisse médiévale. Construite par le premier roi de Majorque, Jaume Iᵉʳ d'Aragon pour son fils Sanç, le palais fut habité par les chartreux à partir de 1399, mais le bâtiment tel qu'on le connaît aujourd'hui doit son aspect austère aux «embellissements» pseudo-historiques qui connurent leur apogée au 19ᵉ siècle. Le palais offrit entre 1906 et 1913 le gîte et le couvert au grand poète nicaraguayen Rubén Darío – on lui doit entre autres «Les Chants de vie et d'espérance» – qui y trouva l'inspiration en revêtant l'habit de moine. Il connut une époque glorieuse grâce à la famille Bauzà de Mirabò dont les descendants préservent pieusement les appartements privés. Et il suffit de passer quelques instants dans ces magnifiques salons d'époque parés de vieux rideaux en soie damassée et abritant des lits à baldaquin, de nombreux objets d'art et des photos de famille émouvantes, pour comprendre que le palais du roi Sanç peut aussi conter l'histoire d'une remarquable famille aristocratique.

LINKS: *Die Privat-
gemächer lassen die
Vorliebe der ehemaligen
Bewohner für ein raffi-
niertes und elegantes
Dekor erkennen.*
RECHTE SEITE: *Die
Folge der Salons, die
Türvorhänge aus oran-
gefarbener Seide sowie
die Türen und deren
Verkleidungen, die mit
Holzimitationen
bemalt und mit Intarsi-
en in »Trompe l'œil«-
Technik verziert wur-
den, lassen vergessen,
dass dieses Gebäude
einst von einer religiö-
sen Gemeinschaft
bewohnt wurde.*

LEFT: *The private
apartments reflect the
taste of the former occu-
pants for refined and
elegant décor.*
FACING PAGE: *The
series of salons, the
bright silk door-cur-
tains, the doors them-
selves with their "faux
bois" casings and
"trompe l'œil" mar-
quetry make us forget
that this palace was
once a monastery.*

A GAUCHE: *Les
appartements privés
reflètent le goût des
anciens occupants pour
l'élégance raffinée.*
PAGE DE DROITE:
*L'enfilade des salons, les
portières en soie, les
portes et les chambranles
peints en faux bois et
décorés avec une mar-
queterie en trompe-l'œil
nous font oublier que le
palais abritait jadis une
communauté religieuse.*

LINKE SEITE: *Zwischen dem Bett und der Wand steht ein Stuhl aus dem 16. Jahrhundert und darüber hängt ein silbernes Kreuz an der Wand.*
OBEN UND RECHTS: *Das Baldachinbett mit seinen Schlangensäulen stammt noch aus der Zeit der Kartäuser. Das Weihwasserbecken und die religiösen Gemälde unterstreichen die klösterliche Atmosphäre des Schlafzimmers.*

FACING PAGE: *In one of the bedrooms, the space between the bed and the wall is occupied by a plain 16th-century chair and a silver crucifix.*
ABOVE AND RIGHT: *The four-poster bed with its twisted columns dates from the period when the Carthusians were occupying the palace; the religious paintings and the font heighten the monastic ambiance of the room.*

PAGE DE GAUCHE: *Dans la chambre à coucher, la ruelle – l'espace entre le lit et le mur – abrite un siège austère du 16ᵉ siècle. Au mur, un crucifix en argent.*
CI-DESSUS ET A DROITE: *Le lit aux colonnes torsadées date de l'époque des chartreux, le bénitier et les tableaux à sujet religieux accentuent l'ambiance monacale de la pièce.*

CASA COROMANDEL

Port d'Andratx

Sie möchte ihren Namen nicht genannt wissen, denn sie verabscheut das Rampenlicht. Nur zögernd gesteht sie, dass sie die Casa Coromandel – eine sehr schöne alte Finca bei Port d'Andratx – von Sir Peter Ustinov gekauft hat. Trotz ihrer Zurückhaltung scheint die charismatische Eigentümerin dieses Landhauses, die sich mit luxuriösem Komfort und erlesenen Kunstwerken umgibt, allein durch ihre Berührung den Dingen ein kaum erklärbares Flair zu verleihen. Man muss nur die wenigen Steinstufen zum Schwimmbad und zu der höher gelegenen, teilweise mit einem arabischen Zelt überdachten Terrasse hinaufgehen, um ihr hoch entwickeltes Gespür zu erfassen, die Dinge dramaturgisch in Szene zu setzen. Im Inneren des Hauses schützt feinstes ästhetisches Fingerspitzengefühl vor Übertreibung und jedem Fauxpas. So kann ein ausgewogenes Zusammenspiel gelingen: zwischen einer Lithographie von Picasso und einem großen beigen Ohrensessel, zwischen einer Wandleuchte von Baguès aus den Vierzigerjahren, prächtigen Taftvorhängen und einem mit alten Stickereien bedeckten Bett. Meisterstück ist die Küche, in der rustikale Möbel und zeitgenössische Kunst eine harmonische Verbindung eingehen. Am Eingang wachen die treuen Hunde Romeo und Othello, so dass nichts und niemand das Geheimnis der Casa Coromandel stört.

She doesn't want her name mentioned because she loathes the limelight. Indeed, she can hardly bear to admit that she bought the Casa Coromandel – a beautiful finca on the hillside above Port d'Andratx – from Sir Peter Ustinov. Even so, everything she touches has an indefinable air of theatre, for this intriguing, completely charismatic lady is surrounded by the utmost luxury. Moreover, she loves art and beautiful objects and you have only to climb the stone steps that lead to her swimming pool and see the Arab tent on the terrace overlooking it, to understand her keen sense of "mise-en-scène". Inside the house, there is a similar attention to decorative effect, along with an instinctive avoidance of excesses and faux pas which allows her to balance a Picasso lithograph with a plump sofa upholstered in raw linen, or a 1940's sconce by Baguès with rich taffeta curtains and a bed strewn with old embroidery. Perhaps her greatest triumph is the kitchen, in which rough country furniture exists in perfect harmony with contemporary art. The entrance is guarded by two large dogs, Romeo and Othello, who make certain that no interloper will ever disturb the peace of Casa Coromandel.

Große Tonkrüge stehen in der Nähe des Brunnens.

Large earthenware jars beside the fountain.

Des jarres en terre cuite ont trouvé une place dignes d'elles près de la fontaine.

Eine Konsole auf der Terrasse bietet einer alten Gießkanne und einem aus Steinen komponierten Stillleben einen würdigen Platz.

On the terrace, a console table serves as a support for an old watering can and a still life of stone objects.

Sur la terrasse, une console sert de support à un vieil arrosoir et à une nature morte composée d'objets en pierre.

Elle ne veut pas que son nom soit mentionné car elle déteste attirer l'attention et c'est à peine si elle avoue qu'elle a acheté la Casa Coromandel – une très belle finca ancienne sur les hauteurs de Port d'Andratx – à Sir Peter Ustinov. Pourtant, tout ce qu'elle touche s'enveloppe d'un air indéniablement théâtral. Précisons que cette femme à la personnalité fascinante et charismatique s'entoure d'un confort luxueux et qu'elle adore l'art et les beaux objets. Il suffit de grimper les quelques marches en pierre qui mènent à la piscine et à la tente arabe qu'elle a fait dresser sur la terrasse en surplomb, pour comprendre son sens aigu de la mise en scène. A l'intérieur, le souci des effets décoratifs est tout aussi important, doublé cette fois d'un instinct qui la protège des excès et des faux pas. C'est ainsi qu'elle réussit le jeu de l'équilibre entre une lithographie de Picasso et un gros fauteuil houssé de toile écrue, entre une applique des années 1940 signée Baguès, des rideaux somptueux en taffetas et un lit couvert de broderies anciennes et qu'elle triomphe avec une cuisine où les meubles rustiques cohabitent paisiblement avec l'art contemporain. Près de l'entrée, les chiens fidèles Roméo et Othello montent la garde et s'assurent que rien ne viendra percer les secrets de la Casa Coromandel.

LINKS: *Ein Korbliege-stuhl steht an einem sonnigen Platz nahe einem von Efeu über-wucherten Bogen. Romeo und Othello wittern die Ankunft eines Besuchers.*
FOLGENDE DOPPEL-SEITE: *Die Marmor-kugel und zwei Muschel-fossilien harmonieren mit dem rauen Stein und dem groben Kiesel-steinboden.*

LEFT: *A rattan chaise longue stands in the sunshine next to an ivy-covered arch. Romeo and Othello seem to be expecting visitors.*
FOLLOWING PAGES: *A marble ball and a pair of fossilized shells marry perfectly with the rough stone walls and cobblestone floor.*

A GAUCHE: *Une chai-se longue en rotin, inondée de soleil, a trouvé la place idéale près d'une arche enva-hie de lierre. Roméo et Othello guettent avec intérêt l'arrivée des visiteurs.*
DOUBLE PAGE SUI-VANTE: *Une boule en marbre et une paire de coquilles fossilisées se marient parfaitement avec la pierre rugueuse et les sols en galets.*

Schwimmbad und Terrasse bieten einen wunderschönen Ausblick auf die grüne Landschaft von Port d'Andratx. Das exotische Zelt unterstreicht den von »Tausend und einer Nacht« inspirierten Charakter der Casa Coromandel.

The pool and its surrounding terraces overlook the green landscape of Port d'Andratx, while the exotic tent emphasizes the "Thousand and One Nights" aspect of Casa Coromandel.

La piscine et ses terrasses dominent le paysage verdoyant de Port d'Andratx. La tente exotique accentue le côté Mille et Une Nuits de la Casa Coromandel.

OBEN: *Im marokkanischen Zelt versprechen zwei Liegestühle im Kolonialstil Entspannung.*

RECHTS: *Eine mit Poinsettien bepflanzte Tonschale auf der Türschwelle bietet einen leuchtenden Blickfang.*

RECHTE SEITE: *An den Wänden der hohen, geräumigen Küche hängen Werke moderner Kunst, während eine Kissensammlung auf der Steinbank die Ocker- und Rottöne der Wände und des Fußbodens aufnimmt.*

ABOVE: *A pair of colonial chaises longues beckon from the Moroccan tent.*

RIGHT: *A bowl of poinsettias adds a note of flamboyant colour to the threshold.*

FACING PAGE: *In the spacious, high-ceilinged kitchen, the walls are covered with contemporary artwork. The reds and ochres of the walls and floor are echoed by cushions and quilted mattresses on the stone bench.*

CI-DESSUS: *Sous la tente marocaine, des chaises longues de style colonial invitent à la détente.*

A DROITE: *Sur le seuil de la maison, les poinsettias dans leur coupe en terre cuite apportent une note de couleur flamboyante.*

PAGE DE DROITE: *Les murs de la cuisine haute et vaste sont recouverts d'œuvres d'art contemporain. Sur le banc en pierre, la maîtresse de maison a répété les ocres et les rouges des murs et des sols à l'aide de coussins et de matelas surpiqués.*

LINKS: *Die Honigtöne der Wände und des Fußbodens harmonieren mit den Farben der alten Kelims und des großen Ohrensessels.*
RECHTE SEITE: *Im Schlafzimmer wird die Vorliebe der Hausherrin für Luxus besonders deutlich: die prächtigen Vorhänge, das bestickte und mit Spitze versehene Bettzeug, der Kristallleuchter, die Baguès-Leuchte aus den Vierzigerjahren und die Decke mit Ozelotmuster.*

LEFT: *In the sitting room, the honey colour of the walls and floor is in perfect harmony with the old kilims and the plump armchair.*
FACING PAGE: *In her bedroom, the owner reveals her appetite for serious luxury, with sumptuous taffetas, lacy embroidered sheets, a crystal chandelier, a 1940's Baguès lamp and a plaid cover lined with fake ocelot.*

A GAUCHE: *Dans le séjour, les murs et les sols couleur de miel se marient à merveille avec les kilims anciens et avec le fauteuil.*
PAGE DE DROITE: *Dans la chambre à coucher, le luxe régne: rideaux en taffetas somptueux, draps brodés et garnis de dentelles, lustre en cristal, luminaire des années 1940 signé Baguès et plaid doublé de tissu façon ocelot.*

ESPLENDORS ORIENTALS
Santa Ponça

Kann man denn Architekten damit beauftragen, eine traditionelle Finca auf Mallorca in provenzalischem Stil zu errichten? Kann es einer Innenarchitektin gelingen, im Interieur klassische und orientalische Elemente harmonisch zu verbinden oder gar ein Schwimmbad mit einem angrenzenden Badehaus zu entwerfen, das einem Hammam aus »Tausend und einer Nacht« würdig wäre? Selbstverständlich. Aber nur, wenn es sich bei den Architekten um Wolf Siegfried Wagner und Sergi Bastidas und bei der Innenarchitektin um Nona von Haeften handelt. Die aus der glücklichen Verbindung dieser künstlerischen Talente entstandenen mallorquinischen Wohnhäuser sind in ihrer Großzügigkeit und Originalität bereits legendär. Um das märchenhafte Ambiente dieser Villa zu erfassen, muss der Besucher bis zum Plateau hinaufsteigen, das die Landschaft beherrscht, und sich von den Innenräumen à la Scheherazade beeindrucken lassen. Und keinesfalls darf man es versäumen, zum türkis schimmernden Schwimmbad hinabzusteigen und das daneben gelegene rostfarbene türkische Bad zu bewundern, dessen quadratische Konturen und turbanförmige Kuppel sich im ruhigen, klaren Wasser spiegeln …

Auf dem Wohnzimmer-teppich verweilt ein Frosch aus Bronze.

A bronze frog on the carpet in the salon.

Une grenouille en bronze s'attarde sur le tapis du salon.

Is it conceivable to ask architects to build a traditional finca in an area of Majorca which looks very similar to Provence, then request that the person in charge of decorating it include both classical and oriental touches and finally insist on a pool with an adjoining hammam straight out of the Thousand and One Nights? Of course – provided that the architects are Wolf Siegfried Wagner and Sergi Bastidas and the decorator is Nona von Haeften. The happy combination of these talents has spawned a series of Majorcan residences whose splendour and originality are legendary. The very act of unleashing them on a project as massive as this one was bound to produce some kind of impressive result. To understand the fairytale quality of this villa you must submit to it, climb the plateau overlooking the surrounding countryside and allow yourself to be amazed by its deceptive authenticity and the Scheherazade character of its interior. Above all, you must go down to the turquoise pool and go into raptures over the rust-coloured Turkish bath house, whose square silhouette and turban-shaped dome are reflected in the clear, calm surface of the water.

Peut-on demander à des architectes de construire une finca traditionnelle dans une région de Majorque aux faux airs de Provence, attendre de celle qui s'occupera de la décoration qu'elle y intègre des éléments classiques et des notes orientales et exiger par-dessus le marché une piscine qui voisine avec un hammam sorti tout droit des Mille et Une Nuits? Bien sûr. A condition que les architectes s'appellent Wolf Siegfried Wagner et Sergi Bastidas et que la décoratrice soit Nona von Haeften. La combinaison heureuse des talents de Wagner et de von Haeften a rendu possible la réalisation d'une série de résidences majorquines dont la splendeur et l'originalité sont devenues légendaires. Par conséquent, le fait de «lâcher» ce duo inspiré sur un projet d'une telle importance devait nécessairement aboutir à la création d'une demeure impressionnante. Pour comprendre l'ambiance féerique de cette villa, il faut l'avoir éprouvée. Il faut avoir grimpé jusqu'au plateau qui domine le paysage, s'être laissé éblouir par son authenticité trompeuse et par l'aspect «Shéhérazade» de son intérieur et, surtout, être descendu jusqu'au miroir turquoise de la piscine et s'être pâmé d'admiration devant ce bain turc couleur rouille dont la silhouette carrée et le dôme en turban se reflètent dans l'eau limpide et calme.

OBEN: *Die exotische Silhouette des Hammam spiegelt sich im klaren Wasser des Schwimmbades.*
RECHTS UND RECHTE SEITE: *Mit seiner bekrönten Kuppel, seinen an Marrakesch erinnernden roten Mauern und den kleinen, mit »Moucharabiehs« – dekorativ geschnitzten Gittern – versehenen Fenstern, durch die das Licht gefiltert ins Innere dringt, ist der Hammam ein Ort zum Träumen.*

ABOVE: *the hammam, reflected in the clear waters of the pool.*
RIGHT AND FACING PAGE: *With its spiked dome, its Marrakesh-red walls and its tiny "moucharab" windows in wood openwork discreetly filtering the sunlight, the hammam is a place of dreams.*

CI-DESSUS: *La silhouette exotique du hammam se reflète dans l'eau de la piscine.*
A DROITE ET PAGE DE DROITE: *Avec son dôme couronné d'une flèche en tôle, ses murs rouge Marrakech et ses petites fenêtres à moucharabiehs qui filtrent discrètement le soleil, le hammam invite à la rêverie.*

OBEN: *Marokkanische Wände aus »Tadelakt« – mit Bimsstein geglätteter und polierter Stucco – und ein mit sternförmigen »Moucharabiehs« durchbrochenes Treppenhaus …*
RECHTS: *Die Nische in einer Gartenlaube aus hölzernem Lattenwerk lädt zur Erholung ein.*
RECHTE SEITE: *Dieses Sofa wäre eines Paschas würdig. Hier möchte man sich am liebsten bequem ausstrecken, während die Diener Pfefferminztee und süße Datteln reichen.*

ABOVE: *Walls in Moroccan "tadelakt", stucco polished with pumice stone and a staircase garnished with star-shaped "moucharabies" …*
RIGHT: *The architect designed a loggia of wooden laths, including a North African-style niche. Here one can relax or partake of one of the delicious meals concocted by the lady of the house.*
FACING PAGE: *It was on couches like this, one imagines, that the odalisques of the east lay about drinking mint tea and nibbling dates.*

CI-DESSUS: *Murs en «tadelakt» marocain, un stuc lissé et poli à la pierre ponce, et escalier à moucharabiehs en forme d'étoiles …*
A DROITE: *L'architecte a conçu une tonnelle en lattis de bois équipée d'une niche d'inspiration nord-africaine. Il fait bon s'y reposer.*
PAGE DE DROITE: *On a envie de s'allonger, comme une odalisque langoureuse, sur ce sofa digne d'un pacha et d'attendre les serviteurs avec leurs plateaux chargés de thé à la menthe et de dattes fourrées.*

CA'N FERRA
Angelika i Luis von Waberer
Establiments

Früher bot das kleine Dorf Establiments, das aus alten Bauernhö-
fen, kleinen Ferienhäusern und Häusern aller Größenordnungen
bestand, den Einwohnern von Palma de Mallorca die Gelegenheit,
dem Lärm und der Hitze der Hauptstadt zu entfliehen. Mittlerweile
aber wurde das architektonische »Patchwork« um zahlreiche präch-
tige Wohnhäuser bereichert, und der Ort hat sich zu einem
schicken, sehr beliebten Ferienziel entwickelt. Vor über zwanzig
Jahren haben Angelika und Luis von Waberer hier ein Grundstück
mit einer baufälligen Finca erworben, um ihrer großen Familie –
zwei Söhne, Hunde, Katzen und der Papagei Eros – ein Heim zu
bieten. Die Bauten des Architekten Luis von Waberer zeichnen sich
durch den Respekt vor traditionellen Elementen aus, und so hat
sein neues Wohnhaus Ca'n Ferra im Laufe der Zeit zahlreiche
»authentische« Züge angenommen. Dank der Vorliebe seiner Frau
für eine helle, schlichte Innenausstattung, die Alt und Neu harmonisch zu verbinden weiß, hat sich Ca'n Ferra nach und nach zu
einem äußerst charmanten Haus entwickelt umgeben von Zitro-
nen- und Orangenbäumen, Palmen und Vogelgezwitscher, das nur
von den durchdringenden Schreien des Papageien Eros unterbro-
chen wird.

LINKS: *Der geschwät-*
zige Papagei Eros ver-
bringt den größten Teil
des Tages draußen.
OBEN: *Ein alter guss-*
eiserner Tierkopf ziert
die Vorhalle.

LEFT: *Eros, the talka-*
tive parrot, spends most
of the day outside.
ABOVE: *A cast-iron*
animal's head – a for-
mer architectural orna-
ment – has been hung
next to the porch.

A GAUCHE: *Eros, le*
perroquet bavard, passe
la plus grande partie de
la journée dehors.
CI-DESSUS: *Une tête*
d'animal en fonte – un
ancien ornament archi-
tectural – a été accro-
chée à côté du porche.

Establiments began as a small village made up of plots of various sizes, old farms and small holiday retreats and it offered the townspeople of Palma de Mallorca the possibility of getting away from the din and heat of the capital. In recent years, a number of grand houses have been built in and around Establiments and it has become extremely fashionable and exclusive. Angelika and Luis von Waberer moved there out of necessity 22 years ago, when they bought a small piece of land and a ruined finca in which to raise their growing family (two small sons, sundry dogs and cats and a parrot named Eros). Luis von Waberer is an architect whose work is noted for its steady emphasis on tradition and not surprisingly his family's house at Ca'n Ferra was quickly enriched with all kinds of authentic details. Since Luis is lucky enough to be married to Angelika, a woman with a fixed preference for light colours, simplicity in all things and the easy juxtaposition of old things with new ones, over the years Ca'n Ferra has become a place of great charm. Today, it is a fully mature paradise surrounded by orange trees, lemon trees, palms – and birdsong, which is still occasionally silenced by the shrieks of Eros.

Establiments – un petit village formé par des lotissements de toutes tailles et par des vieilles fermes et des petites maisons de plaisance – offrait jadis aux habitants de Palma la possibilité de fuir le bruit et les grandes chaleurs de la capitale et, à notre époque, ce «patchwork» pittoresque n'a cessé de s'enrichir d'un grand nombre de demeures somptueuses et de se transformer en un endroit en vogue très sollicité. Pour Angelika et Luis von Waberer, l'achat d'un bout de terrain et d'une finca en ruine s'imposait car – il y aura bientôt 22 ans de cela – il fallait loger d'urgence leur famille nombreuse composée de leurs deux fils, leurs chiens, leurs chats et leur perroquet Eros. Luis von Waberer est un architecte dont les constructions se distinguent par leur aspect traditionnel et sa nouvelle demeure Ca'n Ferra, s'enrichit en peu de temps d'une multitude de détails «authentiques». Comme il a la chance d'avoir une épouse qui ne jure que par les tons clairs, la simplicité et la juxtaposition de l'ancien et du contemporain, Ca'n Ferra est devenue une maison pleine de charme entourée d'orangers, de citronniers et de palmiers où les cris perçants d'Eros couvrent le chant des oiseaux.

LINKS: *Die afrikani-schen Masken in den Arkaden verleihen der Loggia eine unerwartet exotische Note.*

RECHTE SEITE: *Eine Schale mit Orangen bietet einen farben-frohen Blickfang. Die mallorquinische Bank und der Tisch zählen zu Angelikas Schnäppchen.*

LEFT: *Beneath the arches of the loggia, African masks add an unexpected touch of exoticism.*

FACING PAGE: *On the terrace, a bowl of oranges provides a bright splash of colour. The Majorcan bench and table are two of Angelika's lucky finds.*

A GAUCHE: *Sous les arcades de la loggia, la présence de masques africains ajoute une note d'exotisme inatten-due.*

PAGE DE DROITE: *Sur la terrasse, un plat* rempli d'oranges forme une jolie note de cou-leur. La banquette et la table majorquine sont des trouvailles heureuses d'Angelika.*

RECHTS: *Die Wände der Loggia wurden nach mallorquinischer Tradition in einem Ockerton gestrichen. Das ovale Fenster und die in die Wand einge-lassene Bank sind eine Gestaltungsidee von Luis.*

RIGHT: *The walls of the loggia have been painted ochre in the best Majorcan tradi-tion. The bull's-eye window and the "adobe" seat were Luis' idea.*

A DROITE: *Dans la meilleure tradition majorquine, les murs de la loggia ont été badi-geonnés d'ocre. L'œil-de-bœuf et la banquette «en adobe» sont une idée de Luis.*

OBEN: *Angelikas Salon wird von einer mediterranen Farbpalette bestimmt, in der Weiß und Blautöne dominieren. Der Schrank bietet zahlreichen präkolumbianischen Objekten aus Mexiko Platz.*

RECHTS: *Die Farbe des Korbstuhles auf dem Treppenabsatz greift das verblasste Blau der Treppenhauswand auf.*

RECHTE SEITE: *Angelika dekorierte den Kamin mit zwei barocken Schlangensäulen und einer schlichten Steinplatte.*

ABOVE: *Angelika has adopted a Mediterranean colour scheme for her living room, dominated by whites and blues. The armoire at the back is filled with Pre-Columbian statues and objects brought back from Mexico.*

RIGHT: *On the landing, the colour of the cane chair echoes the faded blue of the stretch of wall by the staircase.*

FACING PAGE: *The mantelpiece was built by Angelika using a pair of baroque cabled columns and a simple stone shelf.*

CI-DESSUS: *Angelika a choisi pour son salon une palette méditerranéenne où dominent le blanc et le bleu. L'armoire du fond regorge de statues et d'objets précolombiens rapportés du Mexique.*

A DROITE: *Sur le palier, le ton de la chaise en rotin répète le bleu délavé du pan de mur qui borde l'escalier.*

PAGE DE DROITE: *La cheminée fut construite par Angelika avec une paire de colonnes torsadées baroques et une plaque de pierre.*

C A'N M A T A S
Chicho Londaiz
Establiments

Rosario Londaiz – von ihren Freunden Chicho genannt – sprudelt geradezu vor Energie und Lebensfreude. Sieht man sie in Höchstgeschwindigkeit zwischen Terrasse und Wohnzimmer oder zwischen Küche und Garten hin und her eilen, so versteht man sofort, wie es ihr gelingen kann, die fieberhaften Aktivitäten in ihrem Laden in Palma mit der täglichen Routine in ihrem hübschen, terrakottafarbenen Haus in Establiments zu vereinen. Schon der Name ihrer Boutique in der Hauptstadt – »Eclectica« – lässt ahnen, dass die große, schlanke Spanierin ein Faible für eine subtile Mischung unterschiedlicher Stile hegt. Und da sie sich für englischen «country look» wie auch für die Reize der Provence begeistert, ist ihr Haus nördlich von Palma angefüllt mit viktorianischen Möbeln, Stichen und Trödel aller Art, gelben Sonnenblumen, Baumwollstoffen mit aufgedruckten Blumenmustern und bemalten rustikalen Möbeln, die an die Heimat von Marcel Pagnol erinnern. Hinzu kommen noch Fayencen, Stoffe, Laternen und viel mallorquinische Sonne. Aber das ist noch nicht alles! Wie kann man die Terrasse mit den großen Bänken, der Laube, dem Brunnen und den vielen Blumentöpfen vergessen – alles trägt zu Chichos einzigartigem Ensemble bei. Und natürlich auch die lichtdurchflutete Küche in den Farben der Sonne …

Der formale Garten von Ca'n Matas mit seinen gestutzten Büschen und exotischen Pflanzen.

The formal garden at Ca'n Matas is filled with clipped box and exotic plants.

Le jardin formel de Ca'n Matas avec ses buis taillés et ses plantes exotiques.

The energy and "joie de vivre" of Rosario Londaiz – Chicho to her friends – is apparently boundless and when you see her rushing from terrace to salon or skipping from kitchen to garden, you understand how she manages to combine the feverish schedule of running a shop in Palma with the daily routine of her charming terracotta-coloured house at Establiments. In calling her boutique in the capital "Eclectica", this tall, willowy Spaniard broadcasts her preference for a subtle blend of different styles. And since she likes the English country look above all others and is also a special fan of Provence, her house in the north of Palma is full of Victorian furniture, engravings and knick-knacks along with sunflower-yellow hues, flowered cotton prints and the kind of painted country furniture we associate with the "pays" of Marcel Pagnol. Add to all this the fine earthenware, fabrics, lanterns and sunshine of Majorca and you have a full description of her house. Full? Well, not quite. We should also mention the terrace with its broad banquettes, the arbour, the well, the blaze of pot plants – and above all Chicho's welcoming, sunlit kitchen.

Rosario Londaiz – «Chicho» pour les intimes – déborde d'énergie et de joie de vivre. Quand on la voit courir de sa terrasse à son salon et sautiller de sa cuisine à son jardin, on comprend mieux comment elle réussit à combiner une activité professionnelle fiévreuse dans son magasin à Palma et la routine quotidienne dans sa coquette maison couleur de terre cuite à Establiments. En nommant sa boutique dans la capitale «Eclectica», cette femme grande et mince, d'origine espagnole, a avoué son goût pour le mélange subtil de styles différents. Et comme elle a le béguin pour tout ce qui touche au «country look» anglais et qu'elle ne résiste point aux charmes de la Provence, sa maison au nord de Palma regorge de meubles, de gravures et de bric-à-brac victoriens et des jaunes tournesol, des cotonnades fleuries et des meubles rustiques peints que nous associons volontiers au pays de Marcel Pagnol. Ajoutons à tout cela des faïences, des tissus, des lanternes et plein de soleil majorquin et la description de sa maison est terminée. Enfin, pas tout à fait: comment peut-on oublier la terrasse avec ses larges banquettes, sa tonnelle, son puits et sa profusion de plantes en pots? Et comment peut-on omettre de mentionner cette cuisine accueillante, couleur de soleil et inondée la lumière? Mille excuses «Chicho».

LINKS: *In ihrer von gelben Farbtönen bestimmten heiteren Küche bereitet Chicho gerne das Frühstück zu, das aus kräftigem Kaffee und »ensaimadas«, mallorquinischen Hefeschnecken, besteht.*
RECHTE SEITE: *Auf der Fensterbank finden Osterglocken und Zitronen zu einem poetischen Stillleben zusammen.*

LEFT: *In her kitchen, where good humour and the colour yellow predominate, Chicho serves the traditional breakfast of strong coffee and "ensaimadas", yeast-risen pastries.*
FACING PAGE: *daffodils in a pot at the kitchen window in company with a pair of freshly-picked lemons.*

A GAUCHE: *Dans sa cuisine où dominent le jaune et la bonne humeur Chicho aime préparer un bon petit déjeuner avec un café corsé et des «ensaimadas», des gâteaux en pâte levée.*
PAGE DE DROITE: *Sur l'appui de fenêtre, des jonquilles en pot et quelques citrons forment une nature morte au doux lyrisme.*

FINCA BINICOMPRAT
Joana i Gabriel Oliver
Algaida

Die Finca Binicomprat liegt inmitten eines dichten Steineichen- und Kiefernwaldes, der sich über 150 Hektar erstreckt. Ihre großen Fenster geben den Blick auf die Umrisse des Berges Puig de Randa und auf die heilige Stätte Nostra Senyora de Cura frei, in der der mittelalterliche Gelehrte und Philosoph Ramon Llull um 1275 sein berühmtes Hauptwerk »Ars magna et ultima« verfasste. Der Name »Binicomprat« – so sagt man – geht noch auf die Herrschaft der Mauren zurück, denen die Christen den Besitz im Jahre 1229 entrissen haben. Seit Beginn des 15. Jahrhunderts ist das Wohnhaus im Besitz der Familie Fiol und verdankt sein elegantes Äußeres den im Laufe des 17. Jahrhunderts durchgeführten Umbauten. Doch für die Nachfahren der Familie Fiol – Joana Oliver und ihren Bruder Gabriel – sowie für alle Gäste, die hinter den mächtigen Wänden des Gutshauses die Stille genießen oder den vorzüglichen regionalen Wein kosten, liegt der Charme der Finca Binicomprat in der Schönheit ihrer Inneneinrichtung. So befinden sich im Schlafzimmer prachtvolle Betten und in der Küche, seit Jahrhunderten unverändert erhalten, knistert ein wärmendes Holzkohlenfeuer in dem nahezu zimmergroßen Kamin.

LINKS: *Neben der Eingangstür befindet sich eine große Terrakotta-Schale.*
OBEN: *Die verschlungenen Äste einer alten Bougainvillea ranken entlang der Steinfassade.*

LEFT: *a large earthenware dish near the doorway.*
ABOVE: *The gnarled branches of a venerable bougainvillea climbing along the stone façade.*

A GAUCHE: *Un grand plat en terre cuite a été posé près de la porte d'entrée.*
CI-DESSUS: *Les branches noueuses d'un très vieux bougainvillée grimpent le long de la façade en pierre.*

The Finca Binicomprat is surrounded by a 150-hectare pine forest. From its broad windows you can see the outline of the mountain – the Puig de Randa – and the sanctuary of Nostra Senyora de Cura, where the mediaeval scholar and philosopher Ramon Llull wrote his celebrated masterpiece "Ars magna et ultima" around 1275. Freed by the Christians in 1229 from Muslim overlordship (the name Binicomprat has an Arab root) the property has belonged to the Fiol family since the 15th century. It owes its present elegant aspect to improvements made in the 1700's, but for the guests of the descendants of the Fiols, Joana Oliver and her brother Gabriel, and for all those who at one time or another have taken refuge behind these stout walls or drunk deep of the wine from its neighbouring vineyards, Finca Binicomprat's greatest wonder is the beauty of its interior. Here, the beds are old and sumptuous and the kitchen has remained unaltered for centuries with a fireplace that's as big as a room and has a hood to match.

Die schmucklose Eingangstür der Finca Binicomprat.

The plain front door at Binicomprat.

L'austère porte d'entrée de la Finca Binicomprat.

La Finca Binicomprat est entourée d'une forêt de yeuses et de pins de 150 hectares. De ses grandes fenêtres, on peut voir la silhouette du Puig de Randa et celle du sanctuaire de Nostra Senyora de Cura où le savant et philosophe médiéval Ramon Llull écrivit vers 1275 son célèbre chef-d'œuvre «Ars magna et ultima». Libérée en 1229 par les chrétiens du joug de la domination musulmane – elle leur doit, dit-on, son nom de «Binicomprat» –, puis appartenant à la famille Fiol à l'avènement du 15e siècle, la demeure telle qu'on la découvre aujourd'hui doit son aspect élégant aux restructurations effectuées dans le courant du 17e siècle. Pour les hôtes des descendants des Fiol, Joana Oliver et son frère Gabriel, et pour tous ceux qui sont venus se réfugier entre ces murs épais pour goûter au calme et au vin exquis produit par les vignobles attenants, Finca Binicomprat doit son charme à la beauté de ses intérieurs, à ses chambres à coucher où trônent des lits somptueux et à sa cuisine authentique où rien n'a changé depuis des siècles et où la hotte, vaste comme une pièce et équipée d'un âtre où crépite un feu de bois, réchauffe les convives.

Ein ausgedienter Karren ruht nahe der Finca.

An old cart, long out of use, near the farmyard.

Une charrette vétuste a pris sa retraite près de l'enclos de la ferme.

RECHTS: *In der Som-
merküche der Finca
Binicomprat bewahrt
die Hausherrin eine
Sammlung alter Werk-
zeuge und Vogelkäfige
auf.*
FOLGENDE DOPPEL-
SEITE: *Vor der rauen,
ockergelben Wand
heben sich Glasflaschen,
Terrakotta-Schale und
eine alte Heugabel ab.*

RIGHT: *In the summer
kitchen at Binicomprat,
the owner has sur-
rounded the fireplace
with an assortment of
old tools and birdcages.*
FOLLOWING PAGES:
*Glass bottles, earthen-
ware dishes and a
wooden pitchfork stand
out against the rough
yellow ochre walls.*

A DROITE: *Dans la
cuisine d'été de la
Finca Binicomprat, la maîtresse de maison a
entouré le foyer de sa
collection d'anciens
outils et de cages d'oi-
seaux.*
DOUBLE PAGE SUI-
VANTE: *Des bouteilles
de verre, des plats en
terre cuite et une
fourche en bois se déta-
chent sur des murs
rugueux badigeonnés
d'ocre jaune.*

LINKS: *Im Schlafzimmer verbirgt sich ein altes mallorquinisches Pfostenbett hinter den Falten eines reich drapierten Vorhangs.*

LEFT: *In one of the bedrooms, a Majorcan bed behind richly-draped curtains.*

A GAUCHE: *Dans une chambre à coucher, un lit à colonnes majorquin est dissimulé derrière un lourd rideau.*

RECHTS: *Der in einer Ecke der Kapelle angebrachte Text verspricht dem Gläubigen die Vergebung seiner Sünden.*

FACING PAGE: *The sitting rooms at the finca are filled with family furniture. The Chippendale-style chair has been covered with a striped fabric typical of Majorca.*
RIGHT: *In a corner of the chapel, a text on the wall offers believers the promise of a plenary indulgence.*

PAGE DE GAUCHE: *Les salons de la finca abritent des meubles de famille. Le siège de style Chippendale a été revêtu d'un tissu rayé typiquement majorquin.*

A DROITE: *Dans la chapelle, un texte accroché au mur promet aux croyants l'indulgence plénière.*

LINKE SEITE: *Die Wohnräume der Finca sind mit Möbeln aus Familienbesitz eingerichtet. Der Sessel im Chippendale-Stil ist mit einem inseltypischen, gestreiften Stoff bezogen.*

RECHTS: *Auf dem Altar der unverändert erhaltenen Kapelle thront die Heilige Jungfrau im Kerzenlicht.*
RECHTE SEITE: *Die Familie hat den köstlichen »tumbet« genossen, und die Obstschale kehrt an ihren Platz auf dem Tisch zurück. Für die Mallorquiner ist dieser Gemüseeintopf so wichtig wie das Ratatouille für den Südfranzosen.*

LEFT: *The chapel has remained intact, with the image of the Virgin on the altar surrounded by lighted candles.*
FACING PAGE: *The family has just consumed a delicious "tumbet", the fruit bowl has been replaced on the table. "Tumbet" is to the Majorcans what ratatouille is to the South of France.*

A GAUCHE: *La chapelle est restée intacte. Sur l'autel, l'image de la Vierge est encadrée de cierges allumés.*
PAGE DE DROITE: *La famille a dégusté le délicieux «tumbet», la coupe de fruits a repris sa place sur la table. Le «tumbet» est aux Majorquins ce que la ratatouille est au Midi de la France.*

TUMBET

Eine Aubergine pro Person längs in Scheiben von etwa einem Zentimeter Dicke schneiden, salzen und etwa eine Stunde in einem Sieb ruhen lassen, damit der sich bildende Saft abtropfen kann. Inzwischen pro Person eine in dünne Scheiben geschnittene Kartoffel in vier Esslöffel Olivenöl Extra Vergine goldbraun braten und anschließend in einer ofenfesten Form warm halten. Die gut abgetropften Auberginen in dem gleichen Öl anbraten, aus der Pfanne nehmen und auf die Kartoffelscheiben legen. Um den »tumbet« nicht zu fett geraten zu lassen, im gleichen Öl zwei fein geschnittene Zucchini anbraten. Für die Sauce sechs Zehen Knoblauch in zwei Esslöffel frischem Olivenöl leicht anbraten und ein Kilo geschälter, gewürfelter Tomaten hinzufügen. Die Sauce etwas eindicken lassen, mit Salz und Pfeffer würzen und über das Gemüse geben. Etwa 20 Minuten bei mittlerer Hitze im Ofen (etwa 150 Grad Celsius) backen.

Allow one aubergine and one large potato per person. Cut the aubergines lengthways into slices one centimetre thick, salt them and leave them in a sieve to drain for one hour. In the meantime, fry four potatoes – thinly-sliced and peeled – in plenty of very hot, very good quality olive oil. When they are golden, place them in a dish and keep them warm in the oven. Next, dry the aubergines, fry them in the same oil and lay them on top of the potatoes. Now slice a couple of courgettes into long strips and sauté them briefly in the oil. All this is to ensure that the "tumbet" doesn't get too oily! When you have laid the courgettes on the potatoes and aubergines, dispose of the used oil and use the clean pan to simmer about half a dozen cloves of garlic in two tablespoons of fresh olive oil for a few minutes. Then add a kilo of fresh tomatoes, peeled and diced. When the sauce begins to thicken, add salt and pepper to taste, pour the mixture on top of the vegetables and leave the dish in a medium oven (150 degrees) for 20 minutes.

Coupez les aubergines – une par personne – dans le sens de la longueur en tranches d'un centimètre d'épaisseur, salez celles-ci et laissez-les dégorger pendant une heure. Entre-temps, faites rissoler des pommes de terre coupées en tranches fines – comptez une pomme de terre par personne – dans quatre cuillerées d'huile d'olive extra vierge. Quand elles sont dorées, déposez-les dans un plat allant au four et gardez-les au chaud. Faites revenir ensuite les tranches d'aubergines bien essuyées dans le même fond d'huile d'olive et posez-les sur les pommes de terre rissolées. Faites blondir ensuite des courgettes coupées en fines lamelles – deux grandes courgettes suffisent – dans la même poêle. Après avoir recouvert les pommes de terre et les aubergines d'une couche de courgettes, préparez la sauce en faisant fondre à feu doux une demi douzaine de gousses d'ail dans 2 cuillerées d'huile d'olive et en y ajoutant un kilo de tomates pelées et coupées en dés. Au moment où la sauce s'épaissit, salez et poivrez, versez sur les légumes et mettez le plat au four où il restera une vingtaine de minutes à four moyen (150°).

CA'N RIBAS
La familia Oliver

Consell

Die Familie Oliver stellt einen köstlichen Wein her, den Hereus de Ribas, der seit 1711 seinen Namen nach dem schönen Landsitz Ca'n Ribas trägt, auf halbem Weg zwischen Palma und Inca in Consell gelegen. Bereitwillig erzählt die Familie die Geschichte von Pedro Ribas und der ersten »bodega«. Ihr Rotwein verdankt seine kirschrote Farbe und seine liebliche Blume einem hohen Anteil der mallorquinischen Rebsorte »manto negro« und reift am Fuß der Serra de Tramuntana, die den Weinbergen des Anwesens einen natürlichen Schutz bietet. Doch wenn es um die robust gebaute, im Schatten der »bodega« gelegene Finca geht, äußern sich Joana und Maria Antònia Oliver nur zurückhaltend. Für die beiden Schwestern, die das Familienunternehmen mit eiserner Hand – wenn auch im Samthandschuh – dirigieren, ist das alte Wohnhaus Teil ihres Privatlebens. Beim Betreten des Hauses wird verständlich, warum sie es so sorgfältig hüten: Vergoldete Konsolen und bemalte Statuen schmücken die Salons, eine halb offene Tür gibt den Blick auf ein altes Bett mit einem Baldachin aus scharlachroter Seide frei – oder auf eine Küche, die dem Gemälde eines Alten Meisters entstammen könnte. Pst! Plaudern wir das Geheimnis dieses Schmuckkästchen aus vergangener Zeit nicht allzu freimütig aus, schließen wir leise die Tür und schleichen uns auf Zehenspitzen davon …

Ein alter Wasserkrug findet einen dekorativen Platz vor einer Wand mit bröckelndem Putz.

An old water jug decoratively placed beside a crumbling wall.

Une ancienne cruche à eau a trouvé une place très décorative près d'un vieux mur effrité.

Since 1711, the Oliver family has produced the delicious Ribas wine named for their lovely property of Ca'n Ribas at Consell, halfway between Palma and Inca. The Olivers delight in telling the story of Pedro Ribas and his first "bodega" and they become even more talkative on the subject of their Hereus de Ribas wine – cherry-red, smooth and made from a native Majorcan grape called "manto negro" in vineyards protected by the Serra de Tramuntana mountains from the winds. But when it comes to the stoutly-built finca close to the "bodega" which they run, the Oliver sisters Joana and Maria Antònia are less forthcoming. For them the family home is a very private place and having crossed its threshold we can see why they like to keep it that way. The interior is fascinating, with salons decorated with gilded pedestal tables and polychrome statues. A door left ajar reveals a four-poster bed draped with scarlet silk or a kitchen straight out of an old master painting. Here, however, we will break off – simply because even we are unwilling to reveal too much of this miracle, trapped as it is in a time warp and left unchanged for generations.

Ca'n Ribas verbirgt sich hinter Palmen und Mauern.

Ca'n Ribas does its best to stay hidden behind its screen of almond trees and walls.

Ca'n Ribas tente de se dissimuler derrière une enceinte de palmiers et de murs.

La famille Oliver produit un vin délicieux qui porte depuis 1711 le nom de Ribas, d'après la belle propriété de Ca'n Ribas, située à Consell, à mi-chemin entre Palma et Inca. Les Oliver racontent volontiers l'histoire de Pedro Ribas et de la première «bodega» et ils sont aussi loquaces quand ils parlent de leur vin, le Hereus de Ribas, dont la variété rouge, couleur cerise, doit son goût suave à la présence d'un raisin majorquin nommé «manto negro» et à la proximité des montagnes de la Tramuntana qui offrent une protection naturelle à leurs vignobles. Quand on aborde le sujet de la robuste finca à l'ombre de la bodega, les sœurs Joana et Maria Antònia Oliver qui dirigent l'entreprise familiale d'une main de fer dans un gant de velours se font plus évasives, car pour elles, leur maison ancestrale fait partie de leur intimité. Après avoir franchi le seuil, on comprend pourquoi elles gardent jalousement le secret de ces intérieurs fascinants où les salons sont parés de consoles dorées et de statues polychromes et où une porte entrouverte laisse apparaître un lit à baldaquin drapé de soie écarlate ou une cuisine sortie tout droit d'un tableau de maître ancien. Chut! Ne dévoilons pas trop le contenu de cet écrin hors du temps, fermons doucement la porte et repartons sur la pointe des pieds.

Das alte Fahrrad verschwindet fast unter der Last des wuchernden Efeus.

In the garden, a venerable bicycle drowned in ivy.

Dans le jardin, une vieille bicyclette disparaît sous le lierre touffu.

OBEN: *Die Wohnräume der ersten Etage lassen die Vorliebe der Besitzer für schlichte Einrichtung erkennen.*
RECHTS: *Ein Rosenkranz hebt sich vom karmesinroten Vorhang ab.*
RECHTE SEITE: *Eine bemalte Holzfigur – eine spanische Tänzerin in traditioneller Tracht – steht auf einem vergoldeten Konsoltisch.*
FOLGENDE DOPPELSEITE: *Der Tradition alter Herrenhäuser folgend, ist das Wohnhaus mit Heiligenstatuen und prächtigen Stoffen geschmückt.*

ABOVE: *On the first floor, a series of salons reflects the taste of the Olivers' ancestors – family portraits and sober furniture.*
RIGHT: *a carved wooden chaplet against a crimson curtain.*
FACING PAGE: *On a gilded console table, a polychrome wooden statuette representing a Spanish woman in traditional costume.*
FOLLOWING PAGES: *The house is filled with statues of saints and rich fabrics in the grand tradition of the aristocracy.*

CI-DESSUS: *Au premier étage, une enfilade de salons reflète les goûts des ancêtres des Oliver pour un mobilier sobre.*
A DROITE: *Un chaplet en bois sculpté se détache sur un fond de rideau cramoisi.*
PAGE DE DROITE: *Sur une console dorée, une statuette en bois polychrome représentant une Espagnole en costume traditionnel.*
DOUBLE PAGE SUIVANTE: *La maison abrite de nombreuses statues de saints et des tissus somptueux, dans la grande tradition des demeures seigneuriales.*

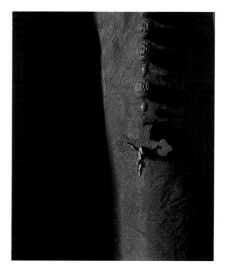

SANGRIA

Was wären die Balearen ohne eine gute, nach traditionellem Rezept bereitete Sangria? Und welcher Wein wäre dafür besser geeignet als ein guter Hereus de Ribas?

Eine Orange schälen und in Scheiben zerteilen. Einen Pfirsich schälen, den Kern entfernen und das Fruchtfleisch in Stücke schneiden. Die Schale einer Zitrone mit Hilfe eines Sparschälers in lange, feine Streifen schneiden. Alle Zutaten in eine große Karaffe geben, zwei bis drei Esslöffel Zucker, einen Liter gut gekühlten Rotwein, ein Likörglas Schnaps und eine Drittel Flasche kaltes, kohlensäurefreies Mineralwasser hinzufügen. Einige Eiswürfel beigeben und mit einer Scheibe Zitrone garnieren.

Where would the Balearic Islands be without their traditional Sangria – and what better wine to make it with than a bottle of Hereus de Ribas?

Peel and slice an orange. Then do the same to a peach, discarding the stone. Next, cut long, very thin strips of lemon peel and add them to the orange and peach slices in a large glass jug, along with three tablespoons of sugar, a litre of ice-cold red wine, a liqueur glass of eau-de-vie and a third of a bottle of still mineral water from the fridge. Drop in plenty of ice cubes, garnish with a few slices of lemon and serve.

Que seraient les Baléares sans la sangria traditionnelle et quoi de mieux pour la préparer qu'une bonne bouteille de Hereus de Ribas?

Épluchez une orange et coupez-la en tranches. Ensuite pelez une pêche, ôtez le noyau et coupez-la en morceaux. Prenez un citron et grattez la peau à l'aide d'un zesteur pour obtenir des lamelles d'écorce longues et fines. Mettez le tout dans une grande carafe, ajoutez deux à trois cuillerées à soupe de sucre, un litre de vin rouge bien frappé, un verre à liqueur d'eau-de-vie et le tiers d'une bouteille d'eau minérale non gazeuse sortant du réfrigérateur. Ajoutez quelques cubes de glace et garnissez d'une tranche de citron avant de déguster.

$\mathscr{S}$ON BIELO

Serra de Tramuntana

Diese herrliche Finca, deren Ursprünge bis ins 13. Jahrhundert zurückreichen, war eigentlich nur noch eine beeindruckende Ruine, als die mutigen Vorbesitzer sich in sie verliebten. Sie beauftragten den Architekten Toni Obrador mit der Umgestaltung des Landsitzes in ein behagliches und einladendes Wohnhaus. Die heutigen Besitzer – Österreicher – hätten sich sicher auch ohne weitere größere Veränderungen in diesem gemütlichen Nest niederlassen können. Da die Hausherrin aber eine große Leidenschaft für Innenarchitektur hat und ihre Umgebung gerne nach ihrem eigenen Geschmack formt, füllten sich die geräumigen Zimmer nach und nach mit ihren Lieblingsmöbeln und -gemälden. Sie war sich der visuellen Spannung einer Verbindung von antiken Möbeln und zeitgenössischer Kunst wohl bewusst, aber am wichtigsten war ihr, eine entspannte Atmosphäre zu schaffen, in der sich ihr Mann, die Kinder und auch ihre beiden Labradorhündinnen Lily und Madonna wohl fühlen sollten. Dies hatte sie im Sinn, als sie alles neu anstreichen ließ, was nicht zu ihrer Farbpalette passte – vom Stuhl aus dem 18. Jahrhundert bis zum Inneren eines Einbauschrankes. So gestaltete sie ein ungezwungenes Ambiente, das ganz nebenbei beweist, dass ein Haus voller Bücher, Kunstwerke, Tiere und glücklicher Menschen ein Haus mit Seele ist.

Ein großes Gemälde von Ramon Canet an der Wand des Salons, der neben dem Schlafzimmer der Hausherrin liegt.

A large painting by Ramon Canet hangs on the wall of the salon beside the master bedroom.

Un grand tableau signé Ramon Canet a été accroché au mur du salon qui précède la chambre maîtresse.

Not so long ago, this magnificent finca – whose origins go back to the 13th century – was no more than a grand ruin. Its present owners are lucky that their predecessors were daring enough to bring in the architect Toni Obrador to transform it into a comfortable, welcoming house. The new arrivals, who are Austrian, might have left the place unchanged; however, the mistress of the house is a keen decorator who wished to leave her own mark on the interior and before long the great rooms of the finca were filled with her favourite furniture and pictures. She is a daring operator, very sensitive to the visual tensions created by juxtaposing period furniture with contemporary works of art. Above all, she was aware that a relaxed atmosphere was in order for her husband, her children and her two Labradors, Lily and Madonna. With them in mind, she painted everything that happened not to harmonise with her chosen palette – including some 18th-century chairs and the back of a built-in cupboard. The result is a surprisingly carefree ambiance, which proves that a house containing books, works of art, animals and happy people is a house that possesses a vigorous soul.

Madonna, die nicht mehr ganz junge Kreuzung aus einem Boxer und einem Labrador, wird von der Besitzerin »Boxerdor« genannt.

Madonna, a middle-aged guest and a successful cross between a labrador and a boxer, has been called a "boxerdor" by her hostess.

Madonna n'est plus toute jeune. Ce fruit d'un croisement réussi entre un boxer et un labrador a été baptisé «boxerdor» par son hôtesse.

Au début, cette magnifique finca dont les origines remontent au 13e siècle n'était qu'une ruine impressionnante et les propriétaires actuels se félicitent d'avoir eu des prédécesseurs audacieux qui eurent la perspicacité de demander à l'architecte Toni Obrador de la transformer en une maison confortable et accueillante. En s'installant dans ce nid douillet, les nouveaux habitants autrichiens auraient pu se reposer sur leurs lauriers, mais comme la maîtresse de maison couve une vraie passion pour la décoration et qu'elle désirait poser sa propre griffe sur son entourage, ses meubles et ses tableaux préférés ont envahi en peu de temps les vastes pièces. Audacieuse, attentive à la tension visuelle qu'engendre la juxtaposition d'un mobilier d'époque et des œuvres d'art contemporain et surtout consciente du fait qu'il fallait créer une ambiance décontractée qui plairait à son mari, à ses enfants et … aux labradors Lily et Madonna, elle n'a pas hésité à peindre tout ce qui ne s'harmonisait pas avec sa «palette» – recouvrant sans scrupules des fauteuils 18e ou badigeonnant le fond d'une armoire encastrée. L'ambiance quasi nonchalante qu'elle a ainsi créée prouve qu'une maison qui héberge des livres, des œuvres d'art, des animaux et des gens heureux est une maison qui possède une âme.

Traditionelle Fayencen in Blau und Weiß aus der Sammlung der Besitzer.

The occupants are collectors of traditional blue and white earthenware.

Les habitants collectionnent les faïences traditionnelles bleues et blanches.

LINKS: *Die sportlich gekleidete Hausherrin wird von »Boxerdor« und dem Labrador Lily treu bewacht.*

RECHTE SEITE: *Son Bielo an einem sonnigen Nachmittag im März.*

LEFT: *The owner, relaxed and casually dressed, under the loyal protection of the "boxerdor" and the labrador, Lily.*

FACING PAGE: *Son Bielo on a sunny March afternoon.*

A GAUCHE: *La maîtresse de maison, détendue et en tenue sportive, est gardée par ses fidèles compagnes à quatre pattes.*

PAGE DE DROITE: *Son Bielo par un après-midi ensoleillé de mars.*

RECHTS: *Der Eingangsbereich mit seinen Bögen und dem monumentalen Treppenhaus.*

RIGHT: *the front hall, with its arches and monumental stairwell.*

A DROITE: *Le hall d'entrée avec ses arches et sa cage d'escalier monumentale.*

OBEN: *Die Esszim-
merstühle aus dem
18. Jahrhundert wurden
von der Hausherrin
zartgrün gestrichen.*
RECHTE SEITE:
*Mohnblumen in einer
barock inspirierten Vase
aus Blei.*
FOLGENDE DOPPEL-
SEITE: *Rote Seiden-
vorhänge von Fortuny
filtern das Licht, das
auf ein mallorquini-
sches Bett aus dem 18.
Jahrhundert fällt.*

ABOVE: *The 18th-cen-
tury chairs in the din-
ing room were painted
Veronese green by the
owner.*
FACING PAGE: *a
baroque lead vase filled
with poppies.*
FOLLOWING PAGES:
*In the bedroom, the
light from outside is fil-
tered through red silk
Fortuny curtains across
the 18th-century Major-
can bed.*

CI-DESSUS: *Les
chaises 18ᵉ de la salle à
manger ont été peintes
en vert Véronèse par la
maîtresse de maison.*
PAGE DE DROITE: *des
coquelicots dans un vase
en plomb de forme
baroque.*
DOUBLE PAGE SUI-
VANTE: *Dans la
chambre à coucher,
comme partout dans la
maison, «le rouge est
mis». Les rideaux de
soie des ateliers Fortuny
filtrent la lumière pen-
dant que le lit major-
quin 18ᵉ attend les bons
soins de l'employée de
maison.*

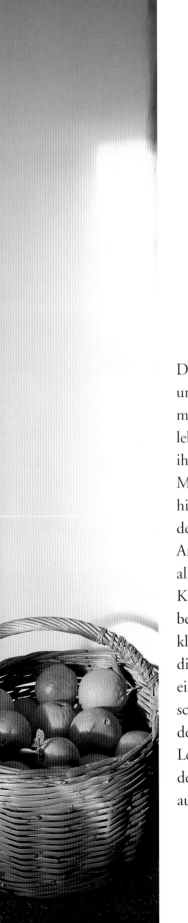

$\mathcal{U}$NA CASA D'ARTISTES
Maria Antònia i Miquel Carriò

Artà

Die Keramikerin Maria Antònia Carriò gestaltet Vasen, Schalen und Schüsseln in einer bestechend klaren Linienführung. Wenn man sieht, wie die Künstlerin in der alten, bei Artà gelegenen Finca lebt und arbeitet, versteht man sofort den Zusammenhang zwischen ihrem Werk und ihrem alltäglichen Umfeld. Weder das Haus noch Maria Antònia Carriò und ihr Mann Miquel gehören unseren unruhigen Zeiten an. Ein Blick auf die schlichten, weiß gekalkten Wände und die rustikalen Möbel aus rötlichem Holz genügt, um Maria Antònias und Miquels innere Ruhe zu spüren und ihren Wunsch, all das, was ihnen überflüssig erscheint, abzulegen. Das sensible Künstlerpaar hat eine einfache Lebensweise gewählt. Um Wohlbefinden und Glück zu empfinden, bedarf es nicht viel: ein mit kleinen Kieseln belegter Zementboden und ein spartanisches, an die Wand eines karg eingerichteten Zimmers gestelltes Bett, dessen einziger Luxus ein weiches Lammfell ist. Anstatt an unserem hektischen Alltag teilzunehmen, lassen sich Maria Antònia und Miquel – der freiwillig auf die Malerei verzichtet hat, um die Werke seiner Lebensgefährtin mit seinen Zeichnungen zu dekorieren – lieber von der Schönheit einer mit Orangen gefüllten Schale oder von einem auf der Wand verweilenden Lichtstrahl inspirieren …

Ein mit Orangen gefüllter Korb auf dem Boden der Küche.

A basket of oranges on the kitchen floor.

Une corbeille remplie d'oranges a été posée sur le sol de la cuisine.

The potter Maria Antònia Carriò makes vases, bowls and dishes of great linear purity. When you see her living and working in her venerable finca near Artà, you realise there is a great similarity between her work and her surroundings. Like their house, Maria Antònia and her husband Miquel have little to do with our frenzied epoch. One look at their modest, whitewashed rooms and their rustic furniture of reddish wood is enough to give you an idea of their own inner quietude and their desire to banish everything that seems superfluous. According to them, living simply is quite enough. They are happy with little more than a cement floor studded with round pebbles and a monkish bed set against the wall of a bare bedroom whose only concession to luxury is a soft sheepskin. For the moment Miquel – who has voluntarily forsaken painting to decorate his companion's pottery with his own designs – is looking for inspiration in the beauty of a dish filled with oranges or a shaft of light lingering on the surface of a wall …

La céramiste Maria Antònia Carriò crée des vases, des jattes et des coupes qui séduisent par la pureté de leurs lignes. En la regardant vivre et travailler dans cette ancienne finca du côté d'Artà, on découvre une grande ressemblance entre son œuvre et son décor quotidien. Maria Antònia et son époux Miquel ne font pas partie de notre époque agitée et leur maison en est la preuve. Un seul regard sur ces pièces modestes aux murs blanchis à la chaux et sur ce mobilier rustique en bois roux suffit pour percevoir le «silence intérieur» de leurs habitants et leur désir d'abolir tout ce qui leur paraît superflu. Selon ce couple d'artistes à la sensibilité à fleur de peau, le fait de vivre dans la simplicité et de se contenter d'un sol en ciment criblé de petits cailloux et d'un lit monacal adossé au mur d'une chambre dépouillée où le seul luxe provient d'une peau de mouton douillette, suffit à évoquer le bien-être et le bonheur. Pour le moment, Miquel, qui a renoncé volontairement à la peinture pour pouvoir décorer les créations de sa compagne avec ses propres dessins, cherche, avec Maria Antònia, à trouver l'inspiration dans la contemplation d'une coupe remplie d'oranges ou d'un pan de lumière qui s'attarde sur un mur.

OBEN UND RECHTS:
*Im Eingang ist es dank
der dicken, weiß
gekalkten Wände und
des mit Kieselsteinen
bedeckten Bodens stets
angenehm kühl. Die
Bank in der Wand-
nische ist ein typisch
mallorquinisches
Möbelstück.*
RECHTE SEITE: *Die
von Maria Antònia lie-
bevoll aufgenommene
Straßenkatze bewacht
von hoher Warte das
Haus.*

ABOVE AND
RIGHT: *The hall is
always cool; its thick
whitewashed walls and
pebble floor may have
something to do with
this. The bench in the
niche is a piece of furniture typical of Majorca.*
FACING PAGE: *From
the top of his column, a
stray cat picked up and
lovingly cared for by
Maria Antònia stands
guard over the house.*

CI-DESSUS ET A
DROITE: *Il fait tou-
jours frais dans l'entrée
grâce aux murs épais
blanchis à la chaux et
au sol en gravier. Le
banc dans le renfonce-
ment est un meuble
typiquement major-
quin.*
PAGE DE DROITE:
*Perché sur la colonne,
le chat recueilli avec
amour par Maria
Antònia surveille son
territoire.*

LINKE SEITE UND
OBEN: *Maria Antònia
und ihr Mann bevor-
zugen alte Möbel, deren
schlichte Linienführung
mit Maria Antònias
Keramiken harmonie-
ren. Die Vase in der
Nische ist ein Werk von
Maria Antònia.*
RECHTS: *Der Eingang
dient als Ausstellungsbe-
reich für Maria Antò-
nias Arbeiten. Die
Stillleben in der Adobe-
Nische und auf dem
spanischen Holztisch
bezeugen ihre Vorliebe
für klare Formen.*

FACING PAGE AND
ABOVE: *Maria Antò-
nia and her husband
chose the kind of old,
rather stark furniture
which goes with their
pottery. The vase in the
niche is by Maria Antò-
nia.*
RIGHT: *The hall has
become a kind of dis-
play case for Maria
Antònia. In the "adobe"
niches and on the Span-
ish oak table are still
lifes that reflect her taste
for simplicity.*

PAGE DE GAUCHE ET
CI-DESSUS: *Maria
Antònia et son mari ont
choisi des meubles
anciens aux formes
dépouillées, qui s'har-
monisent avec les pote-
ries. Le vase dans la
niche porte la signature
de la maîtresse de mai-
son.*
A DROITE: *L'entrée est
devenue un écrin pour
les œuvres de Maria
Antònia. Dans les
niches «en adobe» et sur
la table espagnole en
chêne, elle a composé des
natures mortes qui reflè-
tent son goût pour la
simplicité.*

FRIT MALLORQUÍ

500 Gramm Kartoffeln schälen, zwei bis drei Karotten reiben und jeweils eine rote und grüne Paprika von den Kernen befreien. Die Gemüse gründlich waschen und in mittelgroße Stücke schneiden. In einer schweren Kasserolle ein halbes Weinglas Olivenöl Extra Vergine erhitzen und vier zerdrückte Knoblauchzehen und zwei bis drei rote Zwiebeln (oder eine große weiße) leicht bräunen. Die Kartoffeln, Paprika, Karotten sowie vier geschälte, gewürfelte Tomaten hinzufügen. Das Gemüse bei kleiner Flamme köcheln lassen. In einer großen, gusseisernem Pfanne 750 Gramm fein geschnittene, zuvor gesalzene und gepfefferte Innereien vom Lamm – Leber, Herz, Lunge und Milz – in zwei bis drei Esslöffel Schweineschmalz anbraten. Die Innereien zart rosa garen, das Gemüse beigeben, ein Weinglas Brühe – möglichst vom Lamm – zugeben und etwa zehn Minuten köcheln lassen. Das fertige Gericht mit etwas Zimt bestäuben und heiß, von einem frischen Rotwein begleitet, servieren. Empfehlung: Das Gemüse sollte noch »al dente« sein, bevor es zu den Innereien gegeben wird.

Peel 500 grams of potatoes, scrape two or three carrots and remove the seeds from a couple of sweet peppers (one red, one green). Wash the vegetables in plenty of water and slice into medium-sized pieces. Heat half a glass of good olive oil in a large heavy-bottomed cast iron saucepan, and cook four crushed garlic cloves and one large white onion (or three small red ones) till brown, at which point add the potatoes, peppers, carrots and four peeled, diced tomatoes. Leave to simmer on a low heat. Then take a large cast-iron skillet and sauté 750 grams of thinly sliced, salted and peppered lamb's offal (liver, heart, lungs and spleen) in two or three spoonfuls of lard. When the meat is cooked but still pinkish inside, add it to the vegetables and pour in a glass of stock (preferably made from lamb's meat or bones). Simmer this mixture for ten minutes, sprinkle with cinnamon, and serve piping hot with a bottle of cold red wine. A word of advice: make sure the vegetables are still al dente before you add the meat.

Epluchez 500 grammes de pommes de terre, grattez deux à trois carottes et épépinez un poivron rouge et un poivron vert. Lavez les légumes et coupez-les en morceaux de taille moyenne. Faites chauffer un demi verre à vin d'huile d'olive extra vierge dans une casserole en fonte profonde, faites y blondir quatre gousses d'ail réduites en purée et un grand oignon blanc et ajoutez les pommes de terre, les poivrons, les carottes et quatre tomates pelées coupées en dés. Laissez cuire à feu doux. Dans une grande poêle, faites revenir dans deux à trois cuillerées à soupe de saindoux 750 grammes d'abats d'agneau – foie, cœur, poumon et rate – coupés en fines lamelles et préalablement salés et poivrés. Quand les abats sont cuits – veillez à ce qu'ils restent rosés –, ajoutez-les aux légumes, mouillez le tout avec un verre à vin de bouillon, de préférence d'agneau, et laissez mijoter le tout pendant une dizaine de minutes. Saupoudrez d'une pincée de cannelle, servez chaud et accompagnez d'un vin rouge rafraîchi. Un conseil: veillez à ce que les légumes soient encore croquants avant d'ajouter les abats!

LINKE SEITE: *Die Laken, die Tagesdecke aus Leinen und der weiche Bettvorleger aus Lammfell sind der einzige Luxus in dem schlichten Schlafzimmer.*
OBEN: *Maria Antònia hat sich ein lichtdurchflutetes, geräumiges Atelier eingerichtet.*
RECHTS: *Im Badezimmer bietet ein Waschmöbel aus dem frühen 20. Jahrhundert den notwendigen Komfort.*

FACING PAGE: *The only luxuries in the bedroom are linen sheets, a linen counterpane and a soft sheepskin rug.*
ABOVE: *Maria Antònia has made sure that her big workshop receives as much light as possible.*
RIGHT: *A 19th-century washstand in the bathroom.*

PAGE DE GAUCHE: *Dans la chambre à coucher, les draps de lit, la couverture en lin et la descente de lit en peau de mouton sont le seul luxe.*
CI-DESSUS: *Maria Antònia s'est assuré un maximum de lumière dans son vaste atelier.*
A DROITE: *Dans la salle de bains, un meuble-lavabo du début du 20e siècle offre le confort indispensable.*

 GERONI SUREDA

Cala Bona

Seit nahezu dreißig Jahren verlässt Geroni Sureda jeden Morgen gegen fünf Uhr sein Haus in Cala Millor und fährt zum benachbarten Hafen von Cala Bona, wo sein Boot liegt. Geroni stammt aus dem Städtchen Son Servera und ist Fischer. Wie all die anderen, denen das Meer einen mehr oder weniger gesicherten Lebensunterhalt bietet, fährt er jeden Morgen hinaus, um einem der ältesten Berufe der Welt nachzugehen. Gegen elf Uhr kehrt er zurück und vertäut sein Boot etwa hundert Meter neben dem Leuchtturm nahe der Reede, wo lungernde Straßenkatzen bereits ungeduldig auf ihren Anteil an der Beute warten. Aber auch Kunden sind gekommen, um frischen Fisch zu kaufen. Es ist ein Erlebnis zu sehen, wie der fünfzigjährige Geroni in seinem kanariengelben Ölzeug, die Wollmütze auf dem Kopf, geschickt die Tintenfische putzt und die Fische sortiert. Sein Fang, unter dem sich manchmal sogar ein Hummer befindet, wird unverzüglich nach Cala Millor gebracht und landet dort in dem Fischbassin seines Sohnes Miquel, der ein Spezialitätenrestaurant mit dem einladenden Namen »Mon Bijou« führt. Dort bleibt der Fang aber nicht lange, denn Geronis Frau Maria ist eine unvergleichliche Köchin. Ihr Fisch »a la planxa« und ihre Kroketten aus Meeresfrüchten sind ein wahres Gedicht!

Die stillen Wasser der Cala Bona und ihre eigenwilligen Felsen erinnern an Landschaften von Salvador Dalí.

The clear waters of Cala Bona and its strangely-shaped rocks are reminiscent of certain landscapes by Salvador Dalí.

Les eaux limpides de Cala Bona et ses rochers aux formes fantasques évoquent certains paysages peints par Salvador Dalí.

Every morning Geroni Sureda leaves his house at Cala Millor at five in the morning, heads for the harbour of Cala Bona where his boat is moored and goes out fishing. Geroni, a native of Son Servera, has been doing the same for thirty years; the sea is his livelihood and he depends on it to survive. When he puts back into port at around 11 a.m., he moors his boat close to the jetty, about a hundred yards from the lighthouse where the stray cats impatiently await their share of the booty. Those who come down to the shore to buy their fish still alive can observe the interesting spectacle of the 50-year-old Geroni, in his woollen cap and canary-yellow oilskin coat, cleaning his cuttlefish and sorting through the rest of the catch. Later, the bulk of it – sometimes including a lobster or two – will be taken to Cala Millor. Here the live fish will be tipped into a tank belonging to Geroni's son Miquel, who runs a restaurant called "Mon Bijou" in the village. And at lunchtime Geroni's wife Maria, a matchless cook, will serve them up "a la planxa" or in the equally delicious form of "croquetas".

RECHTS: *Der Leucht-turm der Cala Bona.*
FOLGENDE DOPPEL-SEITE: *Um 11 Uhr ist Geroni Sureda mit sei-nem Fang in den Hafen zurückgekehrt.*

RIGHT: *The lighthouse at Cala Bona.*
FOLLOWING PAGES: *It's 11 a.m. and Geroni Sureda has come back to shore with his catch.*

A DROITE: *Le phare de Cala Bona.*
DOUBLE PAGE SUI-VANTE: *Geroni Sureda vient de rentrer au port avec sa pêche du jour.*

Voilà près de 30 ans que Geroni Sureda quitte sa maison de Cala Millor tous les matins vers cinq heures pour aller retrou-ver son bateau dans le port voisin de Cala Bona. Geroni, un natif de Son Servera, est pêcheur et chaque matin il pratique un des rites les plus anciens du monde et qui fait partie inté-grante de l'existence de tous ceux pour qui la mer est une ques-tion de vie … ou de survie. En rentrant vers onze heures, Geroni amarre son embarcation près de la rade, à cent mètres du phare où les chats errants attendent impatiemment leur part de «butin». Ceux qui sont venus lui acheter du poisson encore frétillant vivent une expérience inoubliable à observer ce quinquagénaire en bonnet de laine et en ciré jaune canari nettoyer des seiches ou trier ses poissons. Le coup de filet de Geroni, enrichi parfois d'un homard, ne tardera pas à gagner Cala Millor. Là, il trouvera un refuge temporaire dans le vivier de son fils Miquel qui y tient un restaurant de poissons au nom ronronnant de «Mon Bijou». Maria, épouse de Geroni et cuisi-nière hors pair, saura en tirer parti: elle n'a pas son pareil pour préparer le poisson «a la planxa» et ses croquettes aux fruits de mer font venir l'eau à la bouche.

Der alte Fischladen wurde zu einem Lager für allerlei Güter umfunktioniert, aber die Madonna in der Nische hat ihren Platz nie verlassen.

The former fish shop is now a storage depot, but the Madonna has never left her niche.

L'ancien débit de poissons est devenu un véritable entrepôt, mais la Madone dans la niche n'a jamais quitté sa place.

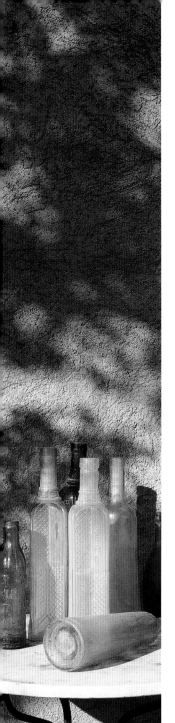

GUILLEM NADAL

Son Servera

Das vom Architekten Toni Estevá für Guillem Nadal entworfene Atelier krönt den Gipfel eines in der Nähe von Son Servera gelegenen Hügels. Bereits von weitem sieht man die rechteckige, beeindruckende Glasfassade des Bauwerks. Nadal, ein bekannter Künstler der Nachkriegsgeneration, ist ein vollblütiger Mallorquiner. Sein dunkler Teint, seine dunkle Mähne voller widerspenstiger Locken und seine an die »mirada fuerte« von Picasso erinnernden Augen verraten einen leidenschaftlichen Charakter. Dem Künstler, von der Natur wie auch dem täglich neuen Wunder der »objets trouvés« fasziniert, dient sein geräumiges Atelier als Schatzkammer für seine persönlichen Reichtümer: sonnengebleichte Knochen, ein menschlicher Schädel, verdorrte Chamäleons, ein Kreuz aus Eisen, ein Haufen Äste. Hier finden sich seine Gemälde, seine Skulpturen und Installationen und seine von weiten Reisen mitgebrachten Erinnerungsstücke zu wahren Stillleben zusammen. Wie andere Menschen, deren Leben voller Träume ist, so umgibt auch Nadal eine asketische Strenge. In seiner häuslichen Umgebung gibt es nur ein Notbett und eine spärlich eingerichtete Küche. Draußen ragt eine Skulptur – halb Baum, halb menschlicher Torso – in den Abendhimmel, der nur noch schwach vom letzten Schimmer eines malerischen Sonnenuntergangs erleuchtet wird …

LINKS: *Auf einem alten kleinen Tisch hat der Künstler aus farbigen Flaschen ein Stillleben komponiert.*
OBEN: *Auf einer rot lackierten Schale liegen einige Souvenirs von Nadals weiten Reisen.*

LEFT: *On an old café pedestal table, the artist has composed a still life with coloured bottles.*
ABOVE: *Nadal's souvenirs of his travels, laid out on a red lacquered dish.*

A GAUCHE: *Sur un vieux guéridon de café, l'artiste a composé une nature morte avec des bouteilles colorées.*
CI-DESSUS: *Nadal a disposé des souvenirs de ses voyages lointains sur un plat en laque rouge.*

The studio of Guillem Nadal, built by the architect Toni Estevá, stands on the summit of a hill outside Son Servera. You can see the broad rectangle of its glass façade from miles away. Nadal, who is one of the most remarkable artists of the post-war generation, is a full-blooded Majorcan whose sunburnt face, dark mane of hair and eyes that recall Picasso's "mirada fuerte" betray his passionate individuality. Nadal is an artist who is fascinated by nature and the daily miracle of the "objet trouvé" and he uses his enormous studio as a repository for his personal treasures: whitened bones, a human skull, dried chameleons, iron crosses and piles of branches, among other things. It also contains his sculptures, paintings and installations, along with the souvenirs he has brought back from his many travels. Like all those whose minds are stuffed with dreams, Nadal surrounds his person with monastic white; a camp bed and a no-frills kitchen are the only comforts he allows himself. Outside, the silhouette of a sculpture that is half tree and half human torso stands against the night sky, dimly lit by the last rays of a spectacular sunset.

Estevá konzipierte ein-drucksvolle Wände aus Beton, deren große, verglaste Öffnungen eine maximale Beleuchtung der Innenräume ermöglichen.

Estevá created impressive volumes in concrete; the plate-glass windows were designed to admit as much light as possible.

Estevá a créé des volumes en béton imposants. Les baies vitrées apportent un maximum de lumière.

L'atelier de Guillem Nadal construit par l'architecte Toni Estevá couronne une colline à l'extérieur de Son Servera et, de très loin, on aperçoit l'imposante façade vitrée rectangulaire. Nadal, un des artistes d'après-guerre les plus remarquables de sa génération, est un Majorquin pur-sang et son teint basané, sa crinière sombre aux boucles rebelles et ses yeux qui évoquent la «mirada fuerte» de Picasso, trahissent son caractère passionné. Cet artiste fasciné par la nature et par le miracle quotidien de «l'objet trouvé», entasse dans ce vaste atelier ses trésors personnels – des os blanchis, un crâne humain, des caméléons desséchés, des croix en fer et un tas de branches –, ses tableaux, ses sculptures et ses installations, et puis des souvenirs rapportés de ses voyages lointains et qui forment, ici et là, de véritables natures mortes. Comme tous ceux qui ont une vie intérieure intense, Nadal s'entoure d'une blancheur monacale. Dans son «antre», un lit de fortune et une cuisine équipée du minimum lui offrent un soupçon de confort. Dehors, la silhouette d'une sculpture à la fois arbre et torse humain se dresse contre un ciel nocturne où subsistent les dernières lueurs d'un coucher de soleil spectaculaire.

Der Schatten eines Oli-venbaums auf der ockerfarbenen Fassade des Ateliers.

The shadow of an olive tree against the ocher façade of the studio.

L'ombre d'un olivier se projette sur la façade ocre de l'atelier.

LINKS: *Vom Schlaf-
zimmer aus führt eine
schmale Treppe zum
geräumigen Atelier.*
RECHTE SEITE: *Eine
von Nadals »Metamor-
phosen«: Die Verzwei-
gungen eines Astes ver-
wandeln sich in einen
Körper ...*

LEFT: *From the bed-
room, a narrow stair-
case leads to the giant
studio.*
FACING PAGE: *one of
Nadal's "metamor-
phoses": a branch trans-
forming itself into a
human torso.*

A GAUCHE: *De la
chambre à coucher, un
escalier étroit mène à
l'atelier spacieux.*
PAGE DE DROITE:
*Une des «métamor-
phoses» de Nadal: une
branche transformée en
silhouette humaine.*

LINKE SEITE: *Das große chaotische Atelier mit den in der Entstehung begriffenen Kunstwerken.*
RECHTS: *Guillem Nadal vor einem seiner jüngsten Gemälde.*

FACING PAGE: *The studio, with its impenetrable chaos and its emergent works of art.*
RIGHT: *Guillem Nadal with a recent painting.*

PAGE DE GAUCHE: *L'immense atelier, véritable capharnaüm, et les œuvres d'art en devenir.*
A DROITE: *Guillem Nadal devant l'un de ses derniers tableaux.*

LINKS: *Nadals »Archive« enthalten Notizen, Fotografien, Skizzenbücher, zufällig gefundene Objekte und eine Sammlung von Knochen und Schädeln.*

LEFT: *Nadal's "archives" consist of notes, photographs, sketchbooks, found objects and a collection of bones and skulls.*

A GAUCHE: *Les «archives» de Nadal – annotations, photos, carnets d'esquisses, objets trouvés et une collection d'ossements et de crânes.*

LINKE SEITE: *Dieses Treppenhaus ist ein überzeugendes Beispiel der Architektur Toni Estevás, die sich durch den Verzicht auf jedwede überflüssige Dekoration auszeichnet.*
OBEN: *An der Wand zum Schlafzimmer in der ersten Etage hängt ein Gemälde von Nadal. Davor hat der Künstler, Opfergaben ähnlich, eine Sammlung von Tonkrügen und ethnischen Objekten platziert.*
RECHTS: *das schlichte Bett eines »Minimalisten«.*

FACING PAGE: *Toni Estevá's architecture is distinguished by a total disdain for superficial ornament – as this staircase shows.*
ABOVE: *On the first floor, the wall of the bedroom area is hung with a magnificent picture by Nadal; in front of it he has placed, like an offering, a collection of jars, bowls and ethnic objects.*
RIGHT: *the bed of a minimalist.*

PAGE DE GAUCHE: *L'architecture d'Estevá est caractérisée par un mépris total pour tout ornement superflu et cet escalier témoigne de ses convictions.*
CI-DESSUS: *A l'étage, le mur de la partie «chambre à coucher» est orné d'un magnifique tableau de Guillem. Devant le tableau, l'artiste a posé, telle une offrande, une collection de jarres, de bols et d'objets ethniques.*
A DROITE: *un lit «minimaliste».*

FINCA SON GENÉR
Catín i Toni Estevá

Son Servera

Hoch über den Höhen von Son Servera überblickt man von der Finca Son Genér aus das gesamte Umland. Ein Blick genügt, um zu verstehen, warum der Architekt Toni Estevá und seine Frau Catín sich vor fünfzehn Jahren in diese außergewöhnliche Lage der Finca verliebt haben. Die vor mehreren Jahrhunderten erbaute, mallorquinische Version einer Fattoria – des typischen toskanischen Bauernhauses diente ursprünglich ausschließlich als Produktionsstätte für Olivenöl. Als Toni und Catín das Landhaus entdeckten, war es bereits verlassen und in einem bedauernswert baufälligen Zustand. Der lang gehegte Traum der beiden Vollblutästheten, Gästen in einem exklusiven Landhotel Erholung zu bieten, ging durch den Kauf der Finca Son Genér endlich in Erfüllung. Sie rückten den fleckigen Mauern und von Termiten zerfressenen Balken zu Leibe und erschufen ein friedliches Paradies mit sandfarbenen Mauern und hellen Kalkfußböden. Hier kann sich der Gast in behaglich tiefen Sesseln entspannen und in Baldachinbetten mit mallorquinischer Bettwäsche ruhen. Im Inneren des mit Gemälden von Miquel Barceló und Guillem Nadal geschmückten Hauses herrscht wohltuende Ruhe. Und abends beim Feuer kann man auch angesichts der köstlichen Speisen der freundlichen Josefa ins Schwärmen geraten.

LINKS: *Eine schlichte Steintreppe führt direkt zu den Zimmern und zur Terrasse.*
OBEN: *Die Eingangstür aus dem 18. Jahrhundert hat ihr ursprüngliches Aussehen behalten.*

LEFT: *A simple stone staircase leads directly to the bedrooms and the terrace.*
ABOVE: *The 18th-century entrance of the finca has retained its original aspect.*

A GAUCHE: *Un escalier en pierre aux formes épurées mène directement aux chambres et à la terrasse.*
CI-DESSUS: *La porte 18e de la finca a gardé son aspect original.*

Finca Son Genér dominates the surrounding countryside from its eyrie on the heights of Son Servera and one can easily understand why the architect Toni Estevá fell in love with the place 15 years ago. The finca was built several centuries back and was in some sort the Majorcan equivalent of a Tuscan "fattoria", exclusively used for producing olive oil. When the Estevás discovered the farm it was an abandoned ruin; Catín and Toni, aesthetes to the bone, bought the property with the intention of turning it into an extremely refined country hotel. They set about the crumbling plaster and termite-infested beams with a will and eventually succeeded in building a haven of peace with honey-coloured walls and pale limestone floors, where their guests can lounge in deep armchairs and nod off in four-poster beds heavily draped with Majorcan linen. At Son Genér, the Estevás have created an atmosphere of total tranquillity; the walls are graced with paintings by Miquel Barceló and Guillem Nadal and in the evening – beside the wood fire – your fancy dwells exquisitely on the cooking of the wonderful Josefa.

Die Finca Son Genér aus dem 18. Jahrhundert wurde von Toni Estevá liebevoll restauriert.

Finca Son Genér, which dates from the 18th century, has been beautifully restored by the architect Toni Estevá.

L'ancien pressoir du 18ᵉ siècle a été restauré de main de maître par l'architecte Toni Estevá.

Située sur les hauteurs de Son Servera, la Finca Son Genér domine le paysage environnant. Lorsqu'on la contemple, on comprend aisément pourquoi l'architecte Toni Estevá et sa femme Catín se sont épris, il y a 15 ans de cela, de ce site exceptionnel. Construite il y a plusieurs siècles, cette version majorquine de la «fattoria» toscane était utilisée exclusivement pour la production d'huile d'olive. Quand les Estevá ont découvert la ferme, elle était à l'abandon et s'était transformée en une ruine déplorable. Toni et Catín sont des esthètes authentiques et après avoir conquis la «finca», leur rêve de créer un «agroturismo» d'un raffinement extrême est enfin devenu réalité. S'attaquant aux murs lépreux et aux poutres rongées par les termites, ils ont créé un havre de paix d'une fraîcheur surprenante où l'on découvre des murs couleur sable et des sols en pierre calcaire blonde. Leurs hôtes peuvent s'alanguir dans des fauteuils profonds et s'endormir dans des lits à baldaquin drapés de lin majorquin. A Son Genér, l'activité fiévreuse a cédé le pas au calme absolu, les murs sont ornés de tableaux de Miquel Barceló et de Guillem Nadal, et le soir, au coin du feu, on rêve des plats exquis cuisinés par la gentille Josefa.

Im Sommer ziert ein hübscher Spitzenvorhang die Eingangstür zur alten Kelterei.

The doorway of the former presshouse is hung with a lace-trimmed curtain in summer.

L'été, la porte d'entrée de l'ancien pressoir est ornée d'un joli rideau garni de dentelles.

SOPAS MALLORQUINAS

Vier bis fünf Schalotten in vier Esslöffeln Olivenöl Extra Vergine in einer »greixonera« – einem traditionell mallorquinischen Henkeltopf aus Terrakotta – oder in einem gusseisernen Topf leicht anbraten. Zwei große Knoblauchzehen, einige Zweige fein geschnittene Petersilie und vier reife Tomaten hinzufügen und mit zwei bis drei Tassen Brühe (vom Rind oder Lamm) ablöschen. Die Sauce etwa zehn Minuten auf kleiner Flamme leicht einkochen lassen. Währenddessen gleiche Mengen (etwa 150 Gramm) Blumenkohl, Spinat, Artischockenböden, grüne Bohnen und Erbsen vorbereiten und in die nun eingedickte Sauce geben. Anschließend einen halben, in feine Streifen geschnittenen Grünkohl und eine fein gehackte Pfefferschote hinzufügen. Das Gericht salzen und pfeffern und etwa zwanzig Minuten köcheln lassen. Den Boden einer Suppenschüssel mit einigen dünnen Scheiben »pan moreno« oder Sauerteigbrot (etwa 300 Gramm) auslegen und mit der dicken Suppe bedecken. Mit fein gehackter Petersilie bestreuen und sofort servieren.

If you don't happen to possess a traditional "greixonera", or terracotta pot with handles, a cast-iron saucepan will do nearly as well. Using this recipient, brown four or five shallots in four tablespoons of good quality olive oil. Add two heads of garlic, some finely chopped parsley and four ripe tomatoes and top up with two or three cups of beef or lamb stock. Bring to boil and reduce for ten minutes on a low heat. In the meantime, prepare 150 grams cauliflower, 150 grams spinach, 150 grams young artichokes (or a few artichoke hearts), 150 grams green beans, and 150 grams fresh peas, and add all these to the thickened sauce. Now add half a finely chopped, green cabbage, and a red pepper, ditto. Add pepper and salt to taste and simmer for 20 minutes. Lay several thin slices of "pan moreno" or leavened bread (300 grams) in a soup tureen and pour the thick soup on top. Garnish with chopped parsley and serve immediately.

A défaut d'une «greixonera» traditionnelle, un pot à anses en terre cuite, utilisez une casserole en fonte et faites-y blondir quatre à cinq échalotes dans quatre cuillerées d'huile d'olive extra vierge. Ajoutez deux gousses d'ail, quelques branches de persil finement hachées et quatre tomates bien mûres et arrosez le tout de deux à trois tasses de bouillon (bœuf ou agneau). Faites réduire la sauce pendant une dizaine de minutes à feu doux. Préparez entre-temps des quantités égales – environ 150 grammes – de chou-fleur, d'épinards, de jeunes artichauts ou quelques fonds d'artichauts, de haricots verts et de petits pois que vous ajoutez à la sauce épaissie et à laquelle vous incorporez un demi chou vert coupé en fines lamelles et un piment rouge finement haché. Poivrez, salez et laissez mijoter pendant une vingtaine de minutes. Déposez dans le fond d'une soupière quelques tranches très fines de «pan moreno» ou de pain au levain (300 grammes) et recouvrez-les de la soupe épaisse. Saupoudrez de persil finement haché et servez immédiatement.

In einem überdachten
Gang, der früher zur
Olivenpresse führte,
schuf Toni eine beispiel-
haft schlichte Terrasse.
Der Boden ist mit
Kalksteinplatten be-
deckt. Die von Estevá
entworfenen, mit Raf-
fiabast und Stoff bezo-
genen Möbel zeugen
von der Vorliebe des
Hausherren für natürli-
che Materialien. Das
Gemälde links ist ein
Werk des amerikani-
schen Künstlers Nicho-
las Wood.

In a passageway which
formerly led to the press,
Toni has created an ad-
mirably uncluttered sit-
ting room. The floor is
covered with limestone
flags, while the arm-
chair and bench, cov-
ered in raffia and can-
vas and designed by
Estevá, reflect his pas-
sion for natural materi-
als. The picture on the
left is by the American
artist Nicholas Wood.

Dans un passage qui
donnait jadis accès au
pressoir d'olives, Toni
a créé un salon d'un dé-
pouillement exemplaire.
Le sol est revêtu de
dalles en pierre calcaire;
le fauteuil et le banc,
recouverts de raphia et
de toile, dessinés par
Estevá, reflètent son
penchant pour les
matières naturelles. Le
tableau, à gauche, est
une œuvre de l'artiste
américain Nicholas
Wood.

OBEN: *Der Gang auf der ersten Etage wird von »Pirogen« aus Metall belebt, die durch den Raum zu schweben scheinen – ein Werk des deutschen Künstlers Tasso Mattar.*
RECHTS UND RECHTE SEITE: *Im Eingang haben Toni und Catín einen Sekretär aus dem 17. Jahrhundert auf einen Tisch der gleichen Epoche gestellt. Die Treppe ist ein Entwurf des Hausherren.*

ABOVE: *On the first-floor landing, a series of metal "pirogues" by the German artist Tasso Mattar seem to float in space.*
RIGHT AND FACING PAGE: *Toni and Catín have placed a 17th-century writing case on a table from the same period. The staircase was designed by Toni himself.*

CI-DESSUS: *Sur le palier du premier étage, une série de «pirogues» en métal – une œuvre de l'artiste allemand Tasso Mattar – semblent flotter dans l'espace.*
A DROITE ET PAGE DE DROITE: *Dans l'entrée, Toni et Catín ont placé une écritoire du 17ᵉ sur une table de la même époque. L'escalier a été réalisé par le maître de maison.*

LINKE SEITE: *Die Sessel und die buttergelben Wände des kleinen, zum Patio führenden Salons greifen die Farbtöne der Bildserie von Guillem Nadal auf, die auf dem Kaminsims steht.*

OBEN UND RECHTS: *Was braucht es mehr zum Wohlbehagen als ein prasselndes Holzfeuer und ein einladendes Bett? In diesem Schlafzimmer wird Estevás Einfluss an dem Baldachinbett aus hellem Birnbaumholz, dem Raffia-Sessel und den kubischen Lampen deutlich.*

FACING PAGE: *In the small salon giving on to the patio, walls the colour of fresh butter and linen-covered armchairs reflect the same tones as the series of paintings by Guillem Nadal above the mantelpiece.*

ABOVE AND RIGHT: *a bed and a wood fire – what else do you need? In one of the most beautiful bedrooms at Son Genér, the Estevás have left their authentic mark in the form of a pale pearwood bed, a raffia-covered armchair and lamps inspired by the Far East.*

PAGE DE GAUCHE: *Dans le petit salon qui donne sur le patio, des murs couleur beurre frais et des fauteuils répètent le chromatisme des tableaux signés Guillem Nadal qui ont trouvé une place sur la tablette de la cheminée.*

CI-DESSUS ET À DROITE: *Que faut-il de plus pour créer une ambiance de bien-être qu'un feu de bois et un lit? Dans cette belle chambre, la «griffe» des Estevá est tangible dans le lit à baldaquin en poirier blond, le fauteuil revêtu de raphia et les lampes simples.*

CA'N RITÔ
Claude i Peter Phillips
Serra de Llevant

Sie haben in London und in der Schweiz gelebt und für lange Zeit
gehofft, ihr persönliches Paradies auf den Seychellen zu finden. Bei
ihrer ersten Begegnung mit Mallorca in den frühen Achtzigerjahren
waren sich Claude und Peter dann einig, endlich den lang ersehnten
Ort ihrer Träume gefunden zu haben. Die alte baufällige, von einem
verwilderten Garten umgebene Finca beflügelte die Fantasie der
beiden. Peter – ein bedeutender englischer Pop-Art-Künstler, dessen
Werke zahlreiche Privatsammlungen und renommierte Museen
bereichern – erkannte die Möglichkeit, sich dort ein geräumiges
Atelier einzurichten. Gäste, die heute in das hinter den rauen,
mächtigen Steinmauern gelegene »inner sanctum« von Claude und
Peter vordringen dürfen, werden von der üppigen Vegetation be-
eindruckt sein – der Fülle verschiedener Kakteen, von Oliven-,
Orangen- und Zitronenbäumen, von Eukalyptus, Akazien, Hibis-
kus, Stechäpfeln, Yuccas, Solandras sowie anderen Bäumen und
exotischen Pflanzen. Wenn man das Wohnhaus und das riesige
Atelier betritt, dann wird einem klar, warum Claude und Peter
einen großen Teil des Jahres in Ca'n Ritô verbringen: Es gibt
schlicht keinen anderen Ort auf dieser Welt, der ihnen vergleich-
baren Frieden und ähnliche Schönheit bieten könnte.

*Ein Wald an Feigen-
kakteen vor dem Haus.*

*A forest of cactus in
front of the house.*

*Une forêt de figuiers de
Barbarie se dresse près
de la maison.*

They lived in London and Switzerland and for years they searched for a corner of paradise in the Seychelles. But from the moment they set foot in Majorca in the early 1980's, Claude and Peter Phillips knew they had at last found what they wanted. The broken-down old finca surrounded by its abandoned garden excited their imaginations and Peter – an important British Pop art painter whose works may be found in many public and private collections – immediately scented the possibility of building the studio he had always wanted. Today, people lucky enough to enter Claude and Peter's inner sanctum behind its rough stone wall are enchanted by its wondrous profusion of cactuses, olive trees, oranges, lemons, eucalyptuses, acacias, hibiscus, daturas, yuccas, solandras and scores of other tree varieties and exotic plants. Once inside the house and the warehouse-sized studio you understand exactly why these two spend most of their time at Ca'n Ritô. Surely no other place on earth could offer them such peace and beauty.

Claude und Peter haben Teile der alten Finca, wie beispielsweise diese rustikale Scheune aus Naturstein, erhalten und restauriert.

The Phillipses have preserved and restored certain parts of the old finca, such as this barn with its unpainted stone walls.

Les Phillips ont gardé et restauré certaines parties de la vieille finca, telle que cette grange rustique aux murs en pierre naturelle.

Vivant à Londres et en Suisse, ils ont longtemps cherché un coin de paradis aux Seychelles mais lors de leur première rencontre avec Majorque, au début des années 1980, Claude et Peter Phillips ont réalisé qu'ils avaient enfin trouvé leur port d'attache. La vieille finca délabrée, entourée d'un jardin à l'abandon excitait l'imagination des Phillips et Peter – un peintre «pop» anglais renommé dont on peut admirer les œuvres dans des collections privées et des musées – flairait la possibilité d'y construire l'atelier de ses rêves. Aujourd'hui, ceux qui ont le privilège d'être admis dans le «saint des saints» de Claude et Peter et qui franchissent la robuste enceinte en pierres inégales sont impressionnés par la profusion de cactus, d'oliviers, d'orangers, de citronniers, d'eucalyptus, d'acacias, d'hibiscus, de daturas, de yuccas, de solandras et des dizaines d'autres variétés d'arbres et de plantes exotiques. Une fois passé le seuil de la maison et de l'atelier vaste comme un hangar, le visiteur comprend pourquoi les Phillips passent une grande partie de l'année à Ca'n Ritô: aucun autre endroit au monde ne pourrait leur offrir autant de paix et de beauté.

Peter hat einige Terrakotta-Krüge neben den Eingang gestellt.

Near the door, Peter has positioned some old terracotta ewers.

Près de l'entrée, Peter a posé des jarres en terre cuite anciennes.

LINKE SEITE: *Das Gästehaus hat eine schattige Loggia und eine Steintreppe, die zu einer Terrasse führt.*
OBEN: *Die Gäste der Finca Ca'n Ritô speisen häufig im Freien, und das rustikale Mobiliar bietet ihnen den angemessenen Komfort.*
RECHTS: *Blick auf den Patio vor Peters Atelier.*
FOLGENDE DOPPELSEITE: *Feigenkakteen, Natursteinmauer, Orangenbäume, Flaschenkürbisse und blühende Solandras … der Garten ist ein wahres Paradies auf Erden.*

FACING PAGE: *The guest annexe has its own shady loggia and a stone staircase leading to a sunny terrace.*
ABOVE: *The guests at Ca'n Ritô often use this area for dining "al fresco" and when they do the country furniture supplies them with all the comfort they need.*
RIGHT: *View of the patio in front of Peter's studio.*
FOLLOWING PAGES: *cactus, dry stone walls, orange trees, flowering gourds and solandras. The garden of Claude and Peter Phillips is an earthly paradise.*

PAGE DE GAUCHE: *La maison d'amis possède une loggia ombragée et un escalier en pierre qui mène à une terrasse.*
CI-DESSUS: *Les hôtes de Ca'n Ritô y prennent souvent leurs repas au jardin. Le mobilier rustique leur offre le confort nécessaire.*
A DROITE: *vue du patio devant l'atelier de Peter.*
DOUBLE PAGE SUIVANTE: *Figuiers de Barbarie, murs en pierre naturelle, orangers, gourdes et solandras en fleur … le jardin de Claude et Peter Phillips est un véritable paradis.*

LINKS: *In der Sommerküche hat Peter eine seiner Skulpturen aus Bronze aufgestellt. Die Art-Deco-Figuren aus Porzellan sind eine Leidenschaft der Hausherrin.*

RECHTE SEITE: *Reproduktionen des berühmten »Zig-Zag«-Stuhls von Gerrit Rietveld von 1932 stehen um den Tisch. Die Natursteinwand kontrastiert wirkungsvoll mit den modernen Klassikern.*

LEFT: *In the summer kitchen, the artist installed one of his bronze sculptures. The Art Deco porcelain figurines are a passion of Claude's.*

FACING PAGE: *Copies of the famous "Zig Zag" chair made by Gerrit Rietveld in 1932 stand around the table. The stone wall, partially preserved, offers a surprising contrast to the "design" furniture.*

A GAUCHE: *Dans la cuisine d'été, l'artiste a installé une de ses sculptures en bronze. Les figurines en porcelaine Art Déco sont une passion de la maîtresse de maison.*

PAGE DE DROITE: *Des rééditions de la célèbre chaise «Zig-Zag» de Gerrit Rietveld, de 1932, sont groupées autour de la table. Le mur en pierre, en partie conservé, contraste de manière surprenante avec le mobilier design.*

*In seinem riesigen Ate-
lier vollendet Peter eines
seiner Gemälde.*

*Peter puts the finishing
touches to a painting in
his studio.*

*Dans son vaste atelier,
Peter met la dernière
main à l'un de ses
tableaux.*

ꙮIURE A LES MUNTANYES

Serra de Llevant

Wer sich allmählich dem auf einem Berggipfel gelegenen Haus nähert, ahnt bis zum letzten Moment nichts von der spektakulären Aussicht, die dieses von dem Architekten Wolf Siegfried Wagner erbaute Haus bietet. Und wenn man dann die Folge der eleganten, von Wagners Frau Nona von Haeften gestalteten Wohnräume durchschreitet und die Natursteintreppe zum Schwimmbad hinabgeht, verschlägt einem das Schwindel erregende Panorama beinahe den Atem. Nur wenige Menschen wagen es, ein Ferienhaus von den Ausmaßen einer toskanischen Villa zu errichten. Scheinbar mit Leichtigkeit hat das Paar ein traumhaftes Labyrinth von sonnendurchfluteten Wohnräumen Wirklichkeit werden lassen, das mit honigfarbenen Sofas und Sesseln aus dem 18. Jahrhundert, mit Kristalllüstern und reich vergoldeten Wandleuchten eingerichtet ist. Von Haeften und Wagner wissen den an ihrem Arbeitstisch entwickelten Raumkonzeptionen vielfältige Gestalt zu verleihen: hier eine große, überdachte Terrasse, dort ein von Palmen gesäumtes Schwimmbad. Hier ein Speisezimmer, das eines italienischen Palazzo würdig wäre, und ein Schlafzimmer à la Hollywood, dort ein mit antiken Stücken möbliertes Bad, dessen Ausmaße an einen Salon erinnern. In Mallorca können Träume wahr werden …

Nona von Haeften hatte die Idee, einen Wandschrank mit einem alten Gemälde zu bemalen.

Nona von Haeften was bold enough to turn an ancient painting into a wall cupboard.

Nona von Haeften a eu l'audace de transformer un tableau ancien en placard.

As you climb to the summit of the mountain and approach the house, you have no inkling of the extraordinary view offered by this fantastic eyrie built by the architect Wolf Siegfried Wagner. But when you cross the series of elegant salons decorated by Wagner's wife Nona von Haeften and walk down the rough stone steps leading to the pool, you find yourself quite simply blown away by the vertiginous panorama that meets your eyes. There aren't many people who would have dared such an extraordinary "tour de force", building a holiday house from scratch on the scale of a Tuscan villa. The pair of professionals needed only to wink an eye to conjure up a labyrinth of sunlit rooms, lavishly decorated with honey-coloured sofas, crystal chandeliers, baroque, heavily-gilded sconces and 18th-century armchairs. Von Haeften and Wagner are magicians and the project they hatched on their work-table has sprung into existence with a great covered terrace, a pool surrounded with palm trees, a dining room fit for an Italian palazzo, a Hollywood bedroom and a bathroom as big as a drawing room all furnished with antiques. In short, this house is somebody's dream come true.

Dank ihrer Architekten erinnert die majestätische Finca an eine toskanische Villa.

Thanks to its architects, the house has the aspect of a Tuscan villa.

Grâce à ses architectes, la demeure majestueuse prend des faux airs de villa toscane.

En montant vers le sommet de la montagne et en s'approchant de la maison, on ne se rend pas compte de la vue extraordinaire qu'offre ce nid d'aigle somptueux construit par l'architecte Wolf Siegfried Wagner. Mais après avoir traversé l'enfilade de salons élégants décorés par la femme de Wagner, Nona von Haeften, et descendu les marches en pierre brute qui mènent à la piscine, on est totalement ébloui par le panorama vertigineux. Peu d'entre nous peuvent se permettre de réaliser un tel tour de force et s'offrir une maison de vacances aussi vaste qu'une villa en Toscane. Et rares sont ceux qui ont le privilège de se laisser guider par un tandem à succès à qui il suffit, semble-t-il, de cligner de l'œil pour faire apparaître un labyrinthe de pièces inondées de soleil et somptueusement parées de canapés couleur miel, de lustres en cristal, de lourdes appliques baroques dorées et de fauteuils 18ᶜ. Von Haeften et Wagner, avouons-le, sont des magiciens, et les projets qui naissent sur leur table de travail prennent soudain la forme d'une grande terrasse couverte, d'une piscine entourée de palmiers, d'une salle à manger digne d'un palazzo italien, d'une chambre à coucher hollywoodienne ou d'une salle de bains meublée d'antiquités et vaste comme un salon. Décidément, à Majorque, les rêves deviennent réalité.

FOLGENDE DOPPEL-SEITE: *Ein Sonnen-untergang taucht das beeindruckende, von Wolf Siegfried Wagner entworfene Schwimm-bad in goldenes Licht*

FOLLOWING PAGES: *The spectacular swimming pool designed by Wolf Siegfried Wagner, caressed by the golden light of sunset.*

DOUBLE PAGE SUIVANTE: *La piscine spectaculaire imaginée par Wolf Siegfried Wagner est caressée par la lumière dorée d'un coucher de soleil.*

LINKE SEITE: *Die großen Korbmöbel fügen sich harmonisch in die ockergelbe Loggia ein.*

OBEN: *Das goldene Abendlicht durchflutet das Esszimmer, unterstreicht die Eleganz der Möbel und bringt den Kristallleuchter zum Funkeln.*

RECHTS: *Ein Wasserbecken aus Bronze ziert die Steinmauer nahe dem Eingang.*

FACING PAGE: *The rattan furniture, with its generous proportions, blends perfectly with the ocher-painted loggia.*

ABOVE: *The dining room, with its crystal chandelier and its elegant chairs and table, awash with golden afternoon sunlight.*

RIGHT: *a bronze stoup set into a stone wall near the front door.*

PAGE DE GAUCHE: *Les sièges en rotin aux proportions généreuses s'harmonisent à la perfection avec la loggia badigeonnée d'ocre.*

CI-DESSUS: *La salle à manger baigne dans une lumière d'après-midi dorée qui accentue davantage la table et les sièges élégants et qui donne des reflets miroitants au lustre en cristal.*

A DROITE: *Un bénitier en bronze orne un mur en pierre près de l'entrée.*

CA'N BRUIXAS

Sud-est de Mallorca

Dieses wunderschöne Haus mit dem eigenwilligen Namen »Ca'n Bruixas« – Hexenhaus – liegt auf dem Gipfel eines Steilfelsens über einer stillen Bucht. Seinen Namen verdankt es einem ehemaligen Besitzer, der es vor fast einem halben Jahrhundert zu einem Furcht einflößenden, unheimlichen Gebäude umgestaltet hatte. Die gegenwärtigen Eigentümer verwandelten es in eine elegante Villa: Jetzt geben Holz, Glas und Metall den Ton an, und das Haus hat jede beklemmende Ausstrahlung verloren. Die Hausherrin ist eine bemerkenswerte Frau und Künstlerin. Ihre Skulpturen bezeugen ihre Vorliebe für schlichte Formen, natürliche Materialien und eine geradezu asketisch anmutende Strenge, die an die Philosophie des Zen erinnert. Obwohl weder die Besitzerin noch ihr Mann ausgebildete Architekten sind, haben sie selbst ihr Ferienhaus erfolgreich umgebaut und eingerichtet. Sie gestalteten einen Wintergarten aus Eisen und Glas und fügten spielerisch eine scheinbar schwebende, grafisch wirkende Metalltreppe ein. Für den Garten wählten sie Möbel aus hellem Teak, die Kissen sind unter weichen Lammfellen verborgen. Damit verliehen sie ihrer Überzeugung Ausdruck, dass Haus, Baum und Natur – wie der Mensch – eine verletzliche Seele besitzen, die geschützt werden muss.

Der minimalistische Kamin erinnert an ein geometrisch-abstraktes Gemälde.

The minimalist hearth resembles an abstract painting.

Le foyer de la cheminée minimaliste ressemble à un tableau influencé par l'abstraction géométrique.

This beautiful house on the rocks, overlooking a calm "cala" in the south east of Majorca, acquired its earlier sobriquet of "Ca'n Bruixas" (the witches' house) during its painful transformation nearly 50 years ago. The present owners have given it the look of a large contemporary villa and, since their arrival, it has definitely shrugged off whatever bad vibrations it may once have had. The lady of the house is a remarkable artist whose sculptures reflect an interest in materials and shapes of Zen simplicity. It is fascinating to see how she and her husband have concentrated, as enlightened amateurs, on the architecture of their house, adding a sitting room and a conservatory, playing with the dark, graphic silhouette of a floating metal staircase, selecting pale teak garden furniture whose cushions are hidden under soft sheepskins. All in all, they are true to their conviction that the house, the trees and the surroundings of Ca'n Bruixas possess vulnerable souls, just like human beings.

Die rückwärtige Fassade und der angebaute Wintergarten von Ca'n Bruixas bieten die Kulisse für den felsigen Zen-Garten, den ein kleiner Bach durchquert.

The rear façade and the greenhouse-cum-sitting room at Ca'n Bruixas overlook a Zen rock garden with a stream running through it.

L'arrière de la maison et le jardin d'hiver de Ca'n Bruixas dominent un jardin zen dont les masses rocheuses sont traversées par un ruisseau.

Cette belle maison posée au sommet d'un rocher qui domine une «cala» tranquille, n'a plus rien de commun avec le nom qu'on lui donnait autrefois, Ca'n Bruixas (la Maison des sorcières), dû à celui qui l'avait transformée, il y a près d'un demi-siècle, en une construction angoissante. Depuis que les propriétaires actuels lui ont donné l'aspect d'une grande villa contemporaine où dominent le bois, le verre et le métal, ses ondes maléfiques se sont évanouies définitivement. La maîtresse de maison est une femme et une artiste remarquable et ses sculptures, dont certaines ont trouvé une place de choix dans sa retraite majorquine, reflètent son penchant pour les formes simples et les matières naturelles et pour un dépouillement qui se rapproche de la philosophie zen. Elle et son mari se sont penchés en amateurs éclairés sur l'architecture de leur maison de vacances, et il est fascinant de voir avec quel brio ils ont ajouté un séjour en forme de serre, jonglé avec la silhouette sombre et très graphique d'un escalier en métal «flottant» et choisi des meubles de jardin en teck blond dont les coussins disparaissent sous des peaux de mouton douillettes. Ce faisant, ils sont restés fidèles à leur conviction que la maison, les arbres et la nature, à l'instar des êtres humains, possèdent une âme vulnérable.

Der große Sonnenschirm auf der Terrasse schützt vor der sengenden Sonne.

On the terrace, an ample parasol protects the occupants from the burning sun.

Sur la terrasse, un grand parasol protège les habitants du soleil brûlant.

OBEN: *Das alte »Hexenhaus« mit seinem beeindruckenden Turm und seiner überwölbten Halle. Der wie ein Viadukt gestaltete Raum eignet sich ausgezeichnet für eine Mahlzeit im Freien.*
RECHTS: *Das Schwimmbad befindet sich im Untergeschoss. Die rechteckige Wandöffnung bietet einen Blick auf die das Haus umgebenden Felsen.*
RECHTE SEITE: *Vor dem Bogen hat die Hausherrin eine ihrer Skulpturen platziert.*

ABOVE: *The former "Witches' House" with its tower and vaulted hall has been converted into a magnificent space in the shape of a viaduct – perfect for dining "al fresco".*
RIGHT: *The pool was built underground; through the rectangular window at the end of the space there is a wonderful view of the rocks surrounding the house.*
FACING PAGE: *Near the arch, the owner has installed one of her sculptures.*

CI-DESSUS: *L'ancienne «Maison des sorcières», avec sa tour imposante et sa salle voûtée, a été transformée en un magnifique espace évoquant un viaduc où il fait doux prendre les repas.*
A DROITE: *La piscine se trouve dans un espace souterrain; la baie rectangulaire dans le mur du fond offre une vue inoubliable sur les rochers qui entourent la maison.*
PAGE DE DROITE: *Près de la route, la maîtresse de maison a installé une de ses sculptures.*

RECHTS: *Der Winter-garten, der mit Teak- und Korbmöbeln ausge-stattet ist und über ein bemerkenswertes pyra-midenförmiges Dach verfügt, stellt eine gelungene Symbiose natürlicher Materialien dar.*

RIGHT: *The green-house represents a sym-biosis of natural mate-rials, with its garden furniture made of teak and rattan and its remarkable pyramid-shaped roof.*

A DROITE: *Le jardin d'hiver avec ses meubles en teck et en rotin et avec son toit pyramidal remarquable est un lieu de symbiose des matières naturelles.*

OBEN: *Im Durchgang zum Schlafzimmer dominiert eine Skulptur der Hausherrin aus Holz und Blei.*

RECHTS UND RECHTE SEITE: *Detailansichten aus dem Badezimmer.*

ABOVE: *On the landing leading to the bedroom, a sculpture of wood and lead, by the owner.*

RIGHT AND FACING PAGE: *details of the bathroom.*

CI-DESSUS: *Sur le palier qui mène à la chambre à coucher, une sculpture en bois et en plomb de la maîtresse de maison retient toute l'attention.*

A DROITE ET PAGE DE DROITE: *détails de la salle de bains.*

Ca'n Salas
Jane i Michael Baigent
Santanyí

Ein Dach hatte das alte Landhaus aus dem 17. Jahrhundert nicht mehr und das Treppenhaus war auch bereits verfallen, als Jane und Michael Baigent – beide unsterblich in Mallorca verliebt – Ca'n Salas kauften. Dafür hatten sich ganze Taubenschwärme in der Ruine eingenistet, und in der Scheune fand das Paar aus England Unmengen von Heu, verdorbenen Weizen und Zwiebeln vor. 25 Jahre später fragen sich Jane und Michael manchmal, woher sie wohl damals den Mut nahmen, die Arbeit an diesem »großen Haufen Steine« in Angriff zu nehmen und ihn in einen wunderschönen, lichtdurchfluteten Zweitwohnsitz zu verwandeln. Jane führt die erfolgreiche Metamorphose auf ihre Leidenschaft für alte Häuser sowie auf ihren Beruf als Antiquitätenhändlerin und Dekorateurin zurück. Fragt man aber ihren Mann, den Co-Autor der Bestseller »Der Heilige Gral und seine Erben« und »Verschlusssache Jesus«, so führt dieser auch eine Armee von Handwerkern an. Wie auch immer … was zählt, das sind die makellos weißen Räume, die mit rustikalen Landhausmöbeln eingerichtet sind, die großen romantischen Betten aus Mahagoniholz, die bestickte viktorianische Wäsche und die einfachen Blumensträuße. Und alles das, um mit Michael zu sprechend, sowie die Einsamkeit und das Gebimmel der Ziegenglöckchen, das kann man nur auf Mallorca finden.

Eine einzige rote Tulpe in einer Karaffe schmückt die Fensterbank.

On the windowsill, Jane has placed a carafe containing a single red tulip.

Jane a posé une carafe embellie d'une unique tulipe rouge sur le rebord de la fenêtre.

When Jane and Michael Baigent, a couple madly in love with Majorca, bought Ca'n Salas, the old farmhouse had no roof. Apart from an invading air force of pigeons and the presence of a ruined staircase, the shell of the 17th-century building contained nothing but piles of hay, onions and spoiled wheat. Today, exactly twenty five years later, the Baigents wonder where on earth they found the courage to attack this formidable mountain of stone and how they contrived the metamorphosis of a broken-down finca into a pretty, light-filled second home. Jane attributes their success to her passion for old houses – and to her profession as an antique dealer and decorator. Her husband, the best-selling co-author of "Holy Blood, Holy Grail" and "The Dead Sea Scrolls Deception", claims by contrast that it's all down to the skills of local workers… but no matter. The Baigents have fashioned a cocoon of perfect white, filled with embroidered Victorian linen, robust country furniture, big romantic mahogany beds and fresh bouquets of flowers. All this, and – in Michael's own words: "the solitude and the tinkling of goat bells" that can only be found in Majorca.

Vom Garten aus hat man einen schönen Blick auf die rückwärtige Fassade der alten Finca.

From the garden there is a charming view of the old finca's rear façade.

Du jardin, on a une très jolie vue sur la façade arrière de la vieille finca.

Quand Jane et Michael Baigent – un couple anglais, éperdument amoureux de Majorque – ont acheté Ca'n Salas, la vieille ferme n'avait plus de toit et l'un de ses escaliers était en ruines. La bâtisse 17ᵉ était envahie par les pigeons et elle était bourrée de foin, de blé et d'oignons! Exactement 25 ans après leur «coup de foudre», les Baigent se sont posé la question: où sont-ils allés chercher le courage de s'attaquer à cet «ignoble tas de pierre» et comment ont-ils réussi à métamorphoser la finca délabrée en une seconde résidence pimpante et inondée de lumière? Jane attribue cette réussite à sa passion pour les vieilles maisons et à son métier d'antiquaire et de décoratrice. Mais si on interroge son mari écrivain à succès – il est coauteur de best-sellers tels que «L'Enigme sacrée» et «Enquête sur les manuscrits de la mer morte» –, on se rend compte que lui ne jure que par l'intervention d'artisans talentueux. Peu importe … Ce qui compte par-dessus tout, c'est ce cocon d'un blanc immaculé, ce linge victorien brodé, ce solide mobilier campagnard, ces grands lits romantiques en acajou et ces simples bouquets de fleurs et, pour parler avec Michael, «la solitude et le tintement des grelots attachés au collier des chèvres et que l'on ne trouve qu'à Majorque».

Ein fächerförmiges Wetterdach hinter dem Haus schützt Tisch und Klappstühle und schafft einen einladenden Platz für Mahlzeiten.

Behind the house, a fan-shaped porch shelters a table and folding chairs – the perfect place to eat outside.

Derrière la maison, un auvent en forme d'éventail abrite une table et des chaises pliantes qui forment un coin-repas idéal.

LINKE SEITE: *Jane Baigent liebt Tulpen und hat zahlreiche Stellen im Haus mit Sträußen ihrer bevorzugten Sorte »Papagei« geschmückt.*
OBEN: *Die Eingangshalle gibt den Blick auf einen Teil des Wohnzimmers mit seinem massiven, vom Barock inspirierten Tisch aus der Mitte der Vierzigerjahre frei.*
RECHTS: *Eine Öllampe aus Blech dient als Kerzenständer.*

FACING PAGE: *Jane Baigent is a great lover of tulips and she leaves bunches of them all over the house. The "parrot" variety is her particular favourite.*
ABOVE: *From the hall there is a view of part of the sitting room, with a robust mid-1940's table in a hybrid baroque style.*
RIGHT: *a tin oil lamp converted for use as a candleholder.*

PAGE DE GAUCHE: *Jane Baigent adore les tulipes et, un peu partout dans la maison, elle a arrangé des bouquets avec sa variété «perroquet» favorite.*
CI-DESSUS: *De l'entrée, on voit une partie du séjour; la robuste table du milieu des années 40 a été exécutée dans un style baroque hybride.*
A DROITE: *Une lampe à huile en tôle sert de bougeoir.*

OBEN: *Die gemütliche Küche mit ländlichen Kiefermöbeln und einem englischen Teller-schrank aus dem 19. Jahrhundert, in dem Jane ihre Sammlung mallorquinischer Fay-encen ausstellt.*
RECHTS: *In einer Küchenecke befinden sich eine Sammlung alter Tonkrüge und mehrere Einkaufskörbe aus Stroh.*
RECHTE SEITE: *In der Wandnische über dem Spülbecken werden Obst, Gemüse und Ton-geschirr aufbewahrt.*

ABOVE: *The Baigents have assimilated pinewood country fur-niture into their unde-niably cosy kitchen, along with a 19th-cen-tury English sideboard which Jane uses to store her collection of Major-can earthenware.*
RIGHT: *Another corner of the kitchen displays a set of old jugs and straw shopping baskets.*
FACING PAGE: *An adobe niche above the stone sink contains fruit, vegetables and terracotta bowls.*

CI-DESSUS: *Dans leur cuisine indéniable-ment «cosy», les Baigent vivent au milieu de meubles campagnards en pin. Le buffet 19ᵉ anglais abrite la collec-tion de faïences major-quines de la maîtresse de maison.*
A DROITE: *Dans un coin de la cuisine, une collection de cruches anciennes et plusieurs paniers à provision en paille tressée.*
PAGE DE DROITE: *Au-dessus de l'évier en pierre, une niche en «adobe» abrite des fruits, des légumes et des récipients en terre cuite.*

LINKS: *In einem Schlafzimmer kommen einige Stücke aus Janes umfangreicher Sammlung alter Wäsche besonders wirkungsvoll zur Geltung. Das Mahagonibett wurde mit einem Baldachin, einer Tagesdecke und Kissen aus der Zeit unserer Ur-Urgroßeltern ausgestattet.*
RECHTE SEITE: *Die weiß gekalkten Wände reflektieren die Sonnenstrahlen, und das Schlafzimmer erstrahlt in hellem Licht.*

LEFT: *Jane has dipped into her huge collection of old linen to find a sheet canopy for an old mahogany bed, using other pieces for the counterpane and cushions.*
FACING PAGE: *The whitewashed walls reflect the sunshine, flooding the bedroom with light.*

A GAUCHE: *Dans une des chambres à coucher, Jane a su tirer le meilleur parti de sa vaste collection de linge ancien. Le vieux lit en acajou a été doté d'un baldaquin, d'un couvre-lit et de coussins de l'époque de notre arrière-arrière-grand-mère.*
PAGE DE DROITE: *Les murs blanchis à la chaux renvoient les rayons de soleil et la chambre à coucher est baignée de lumière.*

RECHTS: *Das mit Schlangesäulen versehene Bett der Hausherrin ist mit viktorianischer Wäsche bezogen. Das Glasfenster aus dem 19. Jahrhundert stammt aus England.*

RIGHT: *In the master bedroom, the four-poster with twisted columns has been draped with Victorian linen. The 19th-century stained-glass window came from England.*

A DROITE: *Dans la chambre maîtresse, le lit à colonnes torsadées est habillé de linge victorien. Le vitrail 19ᵉ a été trouvé en Angleterre.*

Son Moro

Gesina i Thomas Wegner

Santanyí

Thomas Wegners Welt ist die der zeitgenössischen Kunst. Doch er könnte auch Architekt sein – das beweisen der von ihm geplante Umbau und die Inneneinrichtung der Villa Son Moro. Vor ungefähr acht Jahren erwarb Wegner die damals baufällige Finca, um sie in ein Ferienhaus für seine Familie und für zahlende Gäste umzugestalten. Die einzigartige Lage des Landhauses in einer üppig grünen Talmulde verleitete ihn dazu, selbst die Neugestaltung des Landhauses vorzunehmen. Wegners Stil zeichnet sich durch eine ausgeprägte Vorliebe für reine Formen aus, das Diktat eines absoluten Minimalismus aber lehnt er ab. Seiner persönlichen Interpretation der Devise »weniger ist mehr« folgend, schuf er in Son Moro einen riesigen Salon, in dem sich der Besucher auf großen Sofàs aalen kann. Die verblüffend einfach gehaltene Küchenzone platzierte er geschickt zwischen einem Steinbogen und einer großen Fensterfront. Die weißen Wände auf der ersten Etage bieten den idealen Hintergrund für die subtilen Linien eines von Wegner geschaffenen Baumobjekts und für ein Bett mit einem Baldachin aus weißem Musselin. Und im Esszimmer, das nur wenige Meter vom leuchtend blau gekachelten Schwimmbad entfernt in einem Nebengebäude untergebracht ist, überrascht Wegners Gestaltung erneut: Unter der Decke befinden sich unzählige tulpenförmige Lampen.

Bald werden die Badenden die Orangen genießen, die am Rand des Schwimmbeckens stehen.

Near the pool, a glass bowl full of oranges for refreshment to the swimmers.

Près de la piscine, les oranges dans leur coupe en verre attendent de désaltérer les nageurs.

Thomas Wegner is an expert in contemporary art, but to judge by the decoration and restructuring of his house, Son Moro, he could just as well claim to be an accomplished architect. He bought this venerable finca eight years ago, intending to turn it into a holiday home for his own family and occasional paying guests; and the unique position of the building in a hollow of green landscape inspired him so much that he decided to conduct the work himself. Wegner's personal style is distinguished by a strong taste for clean outlines, but since he is firmly opposed to the tyranny of minimalism, his own particular brand of "less is more" has furnished Son Moro with a large sitting room where you can collapse on long banquettes and a streamlined kitchen perfectly positioned between a stone arch and a broad plate-glass window. On the first floor, the whiteness of the walls serves as a background to the subtle shape of a four-poster bed draped with white muslin and a tree-object made by Wegner himself. As for the "formal" dining room, which has been relegated to an outhouse near the blue-tiled swimming pool, Thomas has sprinkled its ceiling with tulip-shaped lamps.

Blick auf Son Moro von der dem Schwimmbad vorgelagerten Terrasse.

Son Moro, seen from the terrace in front of the pool.

Son Moro, vue de la terrasse qui précède la piscine.

Thomas Wegner s'occupe d'art contemporain, mais en ce qui concerne la restructuration et la décoration de Son Moro, il pourrait aussi se vanter de ses talents d'architecte. Il y a environ huit ans que Wegner a acheté cette très vieille finca délabrée qui est devenue la maison de vacances idéale pour sa famille et pour ses hôtes payants; la position unique de la construction – on a l'impression qu'elle se cache dans le creux d'un paysage verdoyant – l'a si bien inspiré qu'il a décidé de la marquer de sa griffe. Le style de Wegner est caractérisé par un goût très prononcé pour les formes épurées, mais comme il refuse le diktat du minimalisme, il a doté Son Moro d'un vaste séjour où l'on peut s'alanguir sur de longs bancs et dans lequel la partie cuisine, d'une simplicité exemplaire, a trouvé un emplacement parfait entre une arche en pierre et une grande baie vitrée. Au premier étage, la blancheur des murs met en valeur le graphisme subtil d'un lit à baldaquin drapé de voile blanc et d'un arbre-objet signé Wegner. Dans la salle à manger «d'apparat», logée dans une dépendance à deux pas de la piscine tapissée d'un carrelage bleu vif, Thomas, toujours prêt à étonner, a parsemé le plafond d'une multitude de lampes en forme de tulipes.

LINKS: *Das Schwimmbad umgibt eine üppige Vegetation. Die im Schatten einer Yucca aufgestellten Liegestühle laden zum Müßiggang ein …*

LEFT: *The pool is surrounded by luxuriant vegetation. The deckchairs under the shade of a yucca invite you to relax.*

A GAUCHE: *Un paysage luxuriant entoure la piscine. A l'ombre d'un yucca, des transats font un clin d'œil aux paresseux …*

OBEN: *Über dem Kamin des ganz in Weiß gehaltenen Wohnzimmers hängt das Werk eines Freundes. Die Basis der beiden Sitzbänke ist wie der Boden mit groben Kieselsteinen belegt.*

RECHTS: *An der Schlafzimmerwand steht eine Lithografie, deren Rahmen aus alten Brettern besteht.*

RECHTE SEITE: *Ein kleiner hölzerner Reiter auf einem Schaukelpferd, ein Werk des Bildhauers Stephan Balkenhol, behält die Steintreppe genau im Blick.*

ABOVE: *In the pure white salon, the fireplace is topped by an oblong painting – the work of a friend – with a pair of built-in benches with pebble surfaces just like the floor.*

RIGHT: *In the bedroom, a lithograph placed on the floor and framed with a few old planks.*

FACING PAGE: *A little wooden man on a wooden rocking horse by the sculptor Stephan Balkenhol seems to be watching the stone staircase leading up to the first floor.*

CI-DESSUS: *Dans le salon blanc, le foyer est surmonté d'un tableau oblong, œuvre d'un ami des propriétaires. Les socles des banquettes font partie du sol incrusté de galets.*

A DROITE: *Dans la chambre à coucher, une lithographie posée par terre est encadrée de quelques planches vétustes.*

PAGE DE DROITE: *Un petit bonhomme sur un cheval à bascule – un bois sculpté de Stephan Balkenhol – semble guetter ceux qui empruntent l'escalier en pierre.*

Über dem Eisenbett im Schlafzimmer ist ein Baldachin aus weißer Baumwolle drapiert. Die Komposition aus einem abgestorbenen Baum und einem kleinen Gemälde vom Flohmarkt ist das Werk des Hausherrn.

In the master bedroom, the iron bedstead is draped with white cotton netting. The dead tree, which serves as an easel for a small painting found at the flea market, is an "assemblage" done by the owner.

Dans la chambre des maîtres de maison, le lit en fer est drapé d'un voile de coton blanc. L'arbre mort qui sert de chevalet à un petit tableau déniché aux Puces est un assemblage artistique du propriétaire.

Ca'n Vila
Antonio Muntaner
Cala Llombards

Die im Südosten der Insel bei dem Städtchen Santanyí gelegene Cala Llombards – »cala« ist das mallorquinische Wort für »Bucht« – lädt zum Träumen ein. Die Eltern des Antiquitätenhändlers Antonio Muntaner erwarben vor vielen Jahren dieses kleine Fischerhäuschen, das zu Beginn des 20. Jahrhunderts auf einem Felsen erbaut worden war – verführt vom atemberaubenden Ausblick über die klaren Wasser des Mittelmeers. Ihrem vorausschauenden Handeln verdankt ihr Sohn heute dieses außergewöhnliche kleine Ferienhaus. Muntaner – langhaarig, in verwaschenen Jeans, mit einem unwiderstehlichen Lächeln – reist häufig in den Fernen Osten, wo er auf Antiquitätensuche geht, aber auch nach Madagaskar, wo er den Traum seines ganz persönlichen Paradieses realisieren möchte. Trotz seiner ausgedehnten Fernreisen vergisst er nie die Reize der Cala Llombards und seines weiß gestrichenen Fischerhäuschens. Er ist ein großzügiger Gastgeber und teilt sein Haus gerne mit Freunden und Gästen. Alle, die hier einige Tage verbracht haben, schwärmen von der Terrasse, beschattet von einem großen, weißen Segel, und dem Ruhebett, das ein luftiger, weißer Schleier vor der Sonne schützt. Hier, in dieser gesunden einfachen Umgebung voller Glück und Harmonie, lässt es sich gut leben …

LINKS: *An der Eingangstür blättert die alte blaue Farbe ab.*
OBEN: *Ein Freund von Antonio schnitzte dieses dekorative Gitterwerk zum Dank für dessen Gastfreundschaft.*

LEFT: *the front door with its flaking blue paint.*
ABOVE: *This wooden "claustra" was sculpted by a friend of Antonio's as a mark of gratitude for his hospitality.*

A GAUCHE: *La porte d'entrée avec sa peinture bleue écaillée.*
CI-DESSUS: *Un ami d'Antonio a sculpté ce claustra en bois pour le remercier de son hospitalité.*

In Majorquin the word "cala" means "cove" and Cala Llombards near Santanyi in the south-western corner of the island is a dream-like cove. The parents of the antique dealer Antonio Muntaner, who many years ago bought a small early 20th-century fisherman's house on the rocks here, were seduced by its position and its stunning view across the clear waters of the Mediterranean. Today, thanks to their foresight, their son is the owner of a wonderful holiday house. Muntaner – long hair, faded jeans and an irresistible grin – divides his time between the Far East, where he goes to buy antiques, and Madagascar, where he dreams of building a paradise of his own. All the same, the delights of Cala Llombards are never far from his thoughts. A spontaneous, generous figure, Antonio shares his cabin freely with his friends and anyone else who is lucky enough to spend a few days as his guest, luxuriating on the terrace with its shady canopy of white canvas and sleeping in a bed protected by diaphanous drapes. Cala Llombards is a simple, healthy, happy place to be.

Antonio Muntaner liest ein Buch auf der Terrasse… ein Anblick der Ruhe und Zufriedenheit!

Antonio Muntaner reading a book on his terrace – the image of contentment.

Antonio Muntaner en train de lire sur la terrasse … le bonheur est là, simple et tranquille.

En majorquin, le mot «cala» signifie «baie» et la Cala Llombards, située à proximité de Santanyí, au sud-est de l'île, est un endroit de rêve. Les parents de l'antiquaire Antonio Muntaner qui y ont acheté, il y a très longtemps, une petite maison de pêcheur datant du début du 20ᵉ siècle, perchée sur le sommet des rochers, avaient été séduits par sa position et par la vue prodigieuse qu'elle offre sur les eaux limpides de la Méditerranée. De nos jours, grâce à leur perspicacité, leur fils peut se vanter de posséder une «petite maison de vacances» exceptionnelle … Muntaner – cheveux longs, jeans délavés et sourire irrésistible – partage son temps entre l'Extrême-Orient où il essaye de dénicher des trésors, et Madagascar où il rêve de construire son paradis personnel, mais il n'oublie jamais les délices de la Cala Llombards et de la petite cabane aux murs blancs. Spontané et généreux, Antonio la partage volontiers avec ses amis et tous ceux qui ont eu le privilège de passer quelques jours chez lui, ne tarissent pas d'éloges sur la terrasse ombragée par un grand carré de toile blanche et sur le lit protégé par un cube diaphane en voile blanc. Et voilà une existence saine et simple qui rime avec bonheur …

Die Sonnenstrahlen verweilen auf dem Fenster. Der mit einem hübschen Blumenstrauß gefüllte Tonkrug harmoniert farblich mit Antonios Jeansjacke.

The sun lingers on Antonio's jean jacket, on the window and on a earthenware pot with a bouquet of flowers.

Le soleil s'attarde sur la fenêtre. Le ravissant bouquet de fleurs dans son pot en terre cuite voisine avec le blouson en jean d'Antonio.

LINKS: *Vom Schlaf-zimmer aus bietet sich ein schöner Blick auf das lichtdurchflutete Wohnzimmer.*
RECHTE SEITE: *In seinem Schlafzimmer verzichtet Antonio auf jeden Luxus. Eine Tonne, die als Ablage dient, eine alte Laterne und ein zarter Sonnenstrahl – mehr braucht der Hausherr nicht.*

LEFT: *A fine view of the white, sun-drenched sitting room, as seen from the bedroom.*
FACING PAGE: *In his bedroom, Antonio needs no luxury. As far as he's concerned, the only requirements are a barrel for a bedside table, an old oil lamp and the light of the sun.*

A GAUCHE: *De la chambre à coucher, on a une très jolie vue sur le séjour, inondé de soleil.*

PAGE DE DROITE: *La chambre d'Antonio est d'une simplicité mona-cale. Son seul luxe: un tonneau-table de chevet, une vieille lanterne et un doux rayon de soleil.*

se von Ca'n Vila bezau-bert durch einen einzig-artigen Blick.

RIGHT: *The spaces containing Antonio's kitchen equipment and the door leading through to his bedroom have been enlivened with oriental arches.*
FOLLOWING PAGES: *There are few places on earth that can equal the serene beauty of Cala Llombards, as seen from the terrace of Ca'n Vila.*

A DROITE: *Les armoires qui abritent la kitchenette et la porte qui s'ouvre sur la chambre à coucher ont été couronnées par Muntaner d'arches d'inspiration orientale.*
DOUBLE PAGE SUI-VANTE: *Peu d'endroits égalent la beauté sereine de la Cala Llombards et la terrasse de Ca'n Vila est un lieu extraordi-naire.*

RECHTS: *Die Nischen in der kleinen Küche und die Tür, die zum Schlafzimmer führt, wurden von Muntaner mit orientalisch inspi-rierten Bögen versehen.*
FOLGENDE DOPPEL-SEITE: *Nur wenige Orte der Welt können sich mit der Cala Llom-bards und ihrer Schön-heit messen. Die Terras-*

DANKSAGUNG
ACKNOWLEDGEMENTS
REMERCIEMENTS

Selbst auf die Gefahr hin, uns zu wiederholen, möchten wir all jenen unsere Dank-barkeit aussprechen, die uns bei diesem Buch unterstützt haben. An dieser Stelle soll die bedingungslose Gastfreundschaft und Hilfe unseres Freundes Ray Chatham und die spontane Großzügigkeit von Angelika und Luis von Waberer sowie von Tony und Catín Estevá erwähnt werden. Unser Dank geht ebenfalls an alle, die uns ihre wunderschönen Häuser geöffnet haben, also an Antonio Muntaner, Claude und Peter Phillips, Nona von Haeften und Wolf Siegfried Wagner, sowie an jene, die »außerhalb des Rampenlichts« bleiben wollten, aber bereit waren, ihre faszinierenden Häuser zu zeigen.

At the risk of repeating ourselves, we would like to extend our sincere thanks to the many kind people who have helped us to compile this volume. Our particular grati-tude is due for the unconditional support and hospitality of our friend Ray Chatham, for the spontaneous generosity of Angelika and Luis von Waberer and Toni and Catín Estevá and for the graciousness of Antonio Muntaner, Claude and Peter Phillips, Nona von Haeften and Wolf Siegfried Wagner, who helped us gain access to some of the most beautiful houses in Majorca. Finally, we wish to acknowl-edge our debt to all those who have preferred to stay out of the limelight and whose fascinating houses do our book such honour.

Même si nous courons le risque de nous répéter en exprimant une fois de plus notre gratitude envers tous ceux qui nous ont aidés à réaliser ce livre, nous ne pouvons omettre de mentionner le support inconditionnel et l'hospitalité de notre ami Ray Chatham et la générosité spontanée d'Angelika et Luis von Waberer et de Toni et Catín Estevá. Nos remerciements sincères vont aussi à tous ceux qui nous ont ouvert les portes des plus belles demeures – citons Antonio Muntaner, Claude et Peter Phillips, Nona von Haeften et Wolf Siegfried Wagner – ainsi qu'à tous ceux qui ont désiré rester «loin des feux de la rampe» et dont les intérieurs fascinants embellissent les pages de ce volume.

Ein mallorquinischer Bauer isst »sobrasada«-Wurst unter einem Mandelbaum.

A Majorcan peasant eating "sobresada" sausage under an almond tree.

Un paysan majorquin mangeant la «sobrasada» sous un amendier.

UMSCHLAGVORDERSEITE: *Blick von der Terrasse einer Finca in Santa Ponça (siehe Seiten 62–67)*

FRONTCOVER: *View from the terrace of a finca in Santa Ponça (see pages 62 –67)*

COUVERTURE: *Vue de la terrasse d'une finca à Santa Ponça (voir pages 62–67)*

UMSCHLAGRÜCKSEITE: *Stillleben mit farbigen Flaschen von Guillem Nadal (siehe Seiten 120–127)*

BACKCOVER: *Still life with coloured bottles by Guillem Nadal (see pages 120–127)*

DOS DE COUVERTURE: *Nature morte avec des bouteilles colorées de Guillem Nadal (voir pages 120–127)*

VORSATZ: *Natursteinmauer bei der Finca Ca'n Rito (siehe Seiten 140–149)*

ENDPAPERS: *Drystone walls at Ca'n Rito (see pages 140–149)*

PAGES DE GARDE: *Murs en pierre naturelle à Ca'n Rito (voir pages 140–149)*

SEITE 2: *Die Küche der Finca von Ray Chatham in Ariany*

PAGE 2: *The Kitchen in Ray Chatham's house in Ariany*

PAGE 2: *La cuisine de la maison de Ray Chatham à Ariany*

SEITE 4: *Francisco de Zurbarán, Heilige Margareta (um 1635–1640), Detail, The National Gallery, London*

PAGE 4: *Francisco de Zurbarán, Saint Margaret (c. 1635–1640), Detail, The National Gallery, London*

PAGE 4: *Francisco de Zurbarán, Sainte Marguerite (vers 1635–1640), détail, The National Gallery, Londres*

© 2000 Benedikt Taschen Verlag GmbH
Hohenzollernring 53, D-50672 Köln
www.taschen.com
© 2000 VG Bild-Kunst, Bonn, for the works by Stephan Balkenhol and Gerrit Rietveld

Design by Catinka Keul, Cologne
Layout by Angelika Taschen, Cologne
Texts edited by Ursula Fethke, Cologne; Elke Eßmann, Dortmund
Lithography by Horst Neuzner, Cologne
English translation by Anthony Roberts, Lupiac
German translation by Sybille Schlegel-Bulloch, Commugny

Printed in Italy
ISBN 3-8228-6012-3 (edition with German cover)
ISBN 3-8228-5995-8 (edition with English cover)
ISBN 3-8228-5954-0 (edition with French cover)